终身教育理念下
职业教育体系的构建

贾立英　著

北方文艺出版社
·哈尔滨·

图书在版编目（CIP）数据

终身教育理念下职业教育体系的构建 / 贾立英著 . --
哈尔滨 : 北方文艺出版社 , 2022.7
ISBN 978-7-5317-5681-1

Ⅰ . ①终… Ⅱ . ①贾… Ⅲ . ①职业教育—教育体系—
研究—中国 Ⅳ . ① G719.2

中国版本图书馆 CIP 数据核字 (2022) 第 124273 号

终身教育理念下职业教育体系的构建
ZHONGSHEN JIAOYU LINIAN XIA ZHIYE JIAOYU TIXI DE GOUJIAN

作　者 / 贾立英
责任编辑 / 暴　磊　　　　　　　　　封面设计 / 优盛文化

出版发行 / 北方文艺出版社　　　　　邮　编 / 150008
发行电话 / （0451）86825533　　　　经　销 / 新华书店
地　址 / 哈尔滨市南岗区宣庆小区 1 号楼　网　址 / www.bfwy.com

印　刷 / 三河市华晨印务有限公司　　开　本 / 710mm×1000mm　1/16
字　数 / 236 千　　　　　　　　　　印　张 / 12.75
版　次 / 2022 年 7 月第 1 版　　　　　印　次 / 2022 年 7 月第 1 次印刷

书　号 / ISBN 978-7-5317-5681-1　　定　价 / 78.00 元

前　言

在高新技术迅猛发展、知识迭代速度不断加快、职业更换日益频繁的今天，人才市场对劳动者的技能要求不再局限于"一技之长"，传统的职业教育模式在新形势和要求下显得捉襟见肘。对此，劳动者应树立一个新的理念，即终身教育理念。

终身教育理念象征着新时代对生产力的要求。但终身教育并非简单地延长个体学习时间和扩大教育对象，而是对传统教育培养目标、教育资源、教育手段、教育内容及教育方法等的革新，尝试推动传统教育向可持续发展转变，并通过充分调动个体学习的自觉性，使其养成良好的学习习惯，提升学习能力，以此为基础构建适应知识经济时代的学习型社会。因此，在终身教育理念下，构建独立、完善的职业教育体系，不仅是为个人职业发展创造条件，也是为社会经济发展奠定基础。

本书关注终身教育理念下职业教育体系的构建，由八章组成，梳理了终身教育理念的基本要求和职业教育的理论框架，分析了终身教育理念对职业教育带来的结构性变化，结合新形势下中国职业教育的实际情况，从人才培养、课程改革、招生制度、评价机制、师资培养、校企合作方面，进一步探讨终身教育理念下职业教育体系的构建路径及发展方向。

本书的编写本着实用性与可行性的原则，以求最大限度地方便职业教育和终身教育方面的从业人员和研究人员参考。由于笔者水平有限，本书难免有不足之处，恳请广大读者批评、指正。

目　录

第一章　面向 21 世纪的终身教育

第一节　何谓终身教育

终身教育是指人在一生各阶段当中所受各种教育的总和，是人所受不同类型教育的统一综合。其包括教育体系的各个阶段和各种方式，既有学校教育，又有社会教育；既有正规教育，又有非正规教育。其主张在每一个人需要的时刻以最好的方式提供必要的知识和技能。终身教育思想成为很多国家教育改革的指导方针。

"终身教育"这一术语自 1965 年在联合国教科文组织主持召开的成人教育促进国际会议期间，由联合国教科文组织成人教育局局长保罗·朗格朗正式提出以来，已经在世界各国广泛传播。近几十年来，关于终身教育概念的讨论可谓众说纷纭，甚至迄今为止也没有统一的权威性定论。这一事实不仅从某一侧面反映了这一崭新的教育理念在全世界所受到的关注和重视程度，还证实了该理念在形成科学的概念方面所必需的全面解释与严密论证尚存在理论和实践上的差距。

本书针对目前流行的几种概念进行深入分析。

一、终身教育创始人保罗·朗格朗的解释

保罗·朗格朗在其著作《终身教育导论》中是这样定义"终身教育"的："终身教育意指一系列非常具体的思想、实验和成就。换句话说，终身教育即'教育'这个词所包含的所有意义，包括教育的各个方面、各项范围，包括从生命运动的一开始到最后结束这段时间的不断发展，也包括教育发展过

程中的各个点与各个阶段之间的紧密而有机的内在联系。"① 他还强调，他所提出的终身教育仅仅只是一种构想、观点或理念，尚未形成严格的定义。事实上，这个定义只是模糊地描述了终身教育的外延，对终身教育的实质并没有解释。

二、联合国教科文组织报告的解释

《学会生存：教育世界的今天和明天》中指出："最初，终身教育只不过是应用于一种较旧的教育实践，即成人教育的一个新术语；后来，逐步地把这种教育思想应用于职业教育；随后又涉及整个教育活动范围内发展个性的各个方面，即智力的、情绪的、美感的、社会的和政治的修养；最后，到现在终身教育这个概念，从个人和社会的观点来看，已经包括整个教育过程了。"② "因此，终身教育就变成了由一切形式、一切表达方式和一切阶段的教学行为构成一个循环往复的关系时所使用的工具和表现方法。""终身这个概念包括教育的一切方面，包括其中的每一件事情。"

《学习：内在的财富》中提出："教育的种种使命及教育可能具有的多种形式，均使教育包括从童年到生命终止的，起下述作用的所有活动，这些活动可将四种基本学习灵活地结合起来，使每个人能够生动地了解世界、了解他人和了解自己……委员会把与生命有共同外延并已扩展到社会各个方面的这种连续性教育称之为'终身教育'。"

联合国教科文组织的定义充实了终身教育的内涵，从而赋予其新的意义，实现了从终身教育的形式论（教育的一切形式、内容、方法）到终身教育的本体论（教育对社会整体发展和个体的现实生活与生命成长的意义）的转换，并与其他教育形式产生了本质性的区别。

三、戴夫的终身教育20条原则

1975年，联合国教科文组织汉堡教育研究所研究员戴夫根据世界各国有关终身教育的探讨，将终身教育理论概括为20条原则，成为20世纪70年代终身教育理论建设的重要里程碑，具体内容如下：

1. "终身教育"这个概念是以"生活""终身""教育"三个基本术语为

---

① 保罗·朗格朗.终身教育导论 [M].滕星，等译.北京：华夏出版社，1988：45-54.
② 联合国教科文组织国际教育发展委员会.学会生存：教育世界的今天和明天 [M]. 华北师范大学比较教育研究所，译.北京：教育科学出版社，1996：180-223.

基础的。这些术语的含义和对它们的解释基本上决定了终身教育的范围和含义。

2. 教育并非在正规学校教育结束时便结束，它是一个终身的过程。

3. 终身教育不限于成人教育，它包括并统一所有阶段的教育（学前、初等、中等及其他教育阶段），而且全面地看待教育。

4. 终身教育既包括正规教育，也包括非正规教育。

5. 家庭在终身教育过程的初期起着决定性的作用，家庭学习贯穿人的一生。

6. 社会在终身教育体系中起着重要作用，这种作用从儿童与之接触时就开始了。

7. 小学、中学、大学和培训中心之类的教育机构固然重要，但它们不过是终身教育机构中的一种。它们不再享有教育的垄断权，也不再能够脱离其他社会教育机构而独立存在。

8. 终身教育从纵向方面寻求教育的连续性和一贯性。

9. 终身教育从横向方面寻求教育的统合。

10. 终身教育与拔尖主义的教育相反，它具有普遍性，主张教育的民主化。

11. 终身教育的特征是在学习的内容、手段、技术和时间方面，既有机动性，又有多样性。

12. 终身教育对教育进行深入探讨，促使人们能够适应新的变化，自行变更学习内容和学习技术。

13. 终身教育为受教育者提供各种可供选择的教育方式和方法。

14. 终身教育有两个领域，即普通教育与专业教育。两者不是孤立的，而是相互联系、互相作用的。

15. 终身教育有助于提高个人或社会的适应能力和革新能力。

16. 终身教育有助于发挥矫正的效能，克服现行教育制度中的缺点。

17. 终身教育的最终目标是维持、改善生活的质量。

18. 实施终身教育的三个主要前提条件是提供适当机会、增进学习动机、提高学习能力。

19. 终身教育是把所有的教育组织化的原理。

20. 在付诸实施方面，终身教育提供一切教育的全部的体系。

这 20 条原则基本上涵盖了终身教育理论的方方面面，从特征理解到体系的建立，从功能作用到最终实施等，构建了终身教育的基本理论框架。可以说，这20条原则是对终身教育所做的最为完整的表述，使得后来学者对终身教育的探讨大多围绕这一框架中的相关问题而展开。然而，戴夫的20条原则是描述性的，罗列的这些条文虽然有利于人们的具体理解，但不利于对整体性质的把握。

以上关于终身教育的论述虽然基本为后来的研究者所认同，但还有一些学者对终身教育的概念提出了自己的看法。

四、国内学者对终身教育的独特见解

大部分中国学者引述联合国教科文组织文件中的种种解释，但也有学者提出独特见解，认为："终身教育的核心思想是以个人一生的主动学习为基础，以个性化、多样化、非职业化学习为特征，以个体发展的多样性、个体享受的丰富性为原则，它的实质是以人为本、品质为优、能力为先、服务为核，它的本质是不断促进人的全面发展。在这样的理念倡导下，全社会将形成全民投资学习、热爱学习、善于学习、享受学习的制度安排，以及人人学习、处处学习、终身学习的环境。"这是一种比较清晰的定义，勾画出终身教育的美好图景，但有将"终身教育"等同于"终身学习"的嫌疑。因为终身教育不仅是人类长期追求的理想目标，还是人类追求目标的现实过程。虽然终身教育与终身学习有着天然的联系，但终身学习是从学习者的立场来考虑的；终身学习和终身教育是辩证的发展过程，终身教育发展的最高境界是终身学习社会，而终身学习是进行终身教育的基础。

与终身教育相近的概念的出现，说明其内涵的深邃性及范围的广泛性，这就使得确切定义终身教育十分困难。笔者认为，终身教育的含义至少可以从两个方面来理解：一是从个人角度来理解，终身教育的主体是每个个体，终身教育要求个体主动地、自觉地、持续地、自由地、愉快地学习；二是从社会角度来理解，它是社会治理机构提供的均衡的教育机会和教育激励机制，即政府和各种正式或非正式的组织为个人的终身学习提供多样化的、便利的、相互沟通的学习组织形式、丰富的学习资源，开发激励人人都热爱学习、分享学习过程与成果的制度。这个概念体现了个体发展与社会发展统一的思想，个体主动、自觉地学习体现了学习态度、学习动机；持续学习反映了学习时间的终身性和连续性；自由学习反映了终身教育的民主性，以及终身教育权利保障的必要性；愉快地学习反映了学习者乐学的情感和超越功利境界的学习操守或学习理想。社会提供教育机会、资源、激励机制，既是终身教育的条件，又是终身教育的内容。对终身教育这两个方面的理解是不可缺少的。因为离开了受教育的主体，终身教育就不能体现以学习者为中心的思想，无法真正体现教育的公平、公正、自由、民主的思想；离开了社会，终身教育就可能演变为纯粹的个体学习行为，没有教育权利的保障和教育资源的开发与使用，个体的终身学习是非常有限的。

第二节　终身教育的思想来源及其发展

"终身教育"这个词最早见于英国议会的一份文件。但从历史的角度看，终身教育思想古已有之，历经萌芽、发展时期，终于逐渐成熟并日趋完善，成为当代影响最大的教育思想之一。

一、萌芽时期

虽然"终身教育"这一概念到 20 世纪 60 年代才出现，但是就广义而言，教育作为传递社会生活经验和培养人才的活动，它是伴随人的一生的这一观念却是古已有之的。也就是说，终身教育的思想早已有之，中国相传甚久的俗语"活到老，学到老"便是这种思想的体现。

虽然古人对终身教育的认识还是模糊的，与现代的终身教育理念不同，但是现代的终身教育理念发端于人类最原始的教育实践。

自古以来，在浩瀚的哲学、教育典籍中，许多哲学家、教育家都直接或间接地论述了终身教育和终身学习的意义、途径和方法等。

被日本终身教育理论研究者誉为东方"发现和论述终身教育必要性的先驱者"① 的孔子就提出了不少有关终身教育的见解。孔子主张"有教无类"，指出教育对象不分类别，自然也包括不同年龄的人。据《史记·仲尼弟子列传》中记载，孔子的弟子先后达到 3000 人，而以颜回为首的身通"六艺"的弟子就有 72 人。这些学生的年龄相差很大，子路年龄最大，仅比孔子小 9 岁，比孔子的其他学生大三四十岁。可见，孔子的学生中既包括年幼的少年，也包括成年人，甚至包括年近半百的老人。孔子的教育学说的核心是以"仁"为主的道德修养。他认为道德修养是终身的修炼，并以自己为例，说明要使道德修养达到"仁"的境界，就必须终身学习。他的"吾十有五而志

---

① 持田荣一，森隆夫，诸冈和房.终身教育大全 [M].龚同，林瀛，邢齐一，梁达礼，译.北京：中国妇女出版社，1987：16-22.

于学，三十而立，四十而不惑，五十而知天命，六十而耳顺，七十而从心所欲，不逾矩"便反映了他的终身教育思想。

汉代学者刘向认为："少而好学，如日出之阳；壮而好学，如日中之光；老而好学，如秉烛之明。"南北朝最有思想的学者颜之推也指出："幼而学者，如日出之光；老而学者，如秉烛夜行，犹贤乎瞑目而无见者也。"可见他们都在鼓励人们终身学习。

宋代理学之集大成者朱熹，一生讲学达50年之久。在长期的教育实践中，他积累了丰富的教育经验，将儿童教育与成人教育作为一个统一的过程进行了考察。他认为，教育的目的是"存天理，灭人欲"，而达到这一目的则需要长期教育和自我修养的过程。于是，他将教育的过程划分为"小学"与"大学"两个不同的阶段，主张男子从8岁起入小学，受"小学"教育；从15岁起入大学，受"大人之学"的教育。"小学"教育教人做事，从躬行实践入手，即通过"洒扫、应对、进退之节"及"礼乐、射御、书数之文"，培养学生的德行。"小学"教育是"大学"教育的基础，"大学"教育是"小学"教育的扩充和深化。"大学"主要教如何去做"致知""穷理"的功夫，讲求修身、齐家、治国、平天下的大道，以止于至善。虽然这两个阶段的教育内容和教育方法存在差别，但"存天理，灭人欲"贯穿始终，并将这两个阶段有机地结合在一起，构成一个从幼年到成年的完整的教育过程。

外国哲学家、教育家的著作中也蕴含着丰富的终身教育思想。例如，古希腊著名的哲学家苏格拉底、柏拉图和亚里士多德都十分关注教育问题，并提出了一些真知灼见。

苏格拉底的一生是在积极探究哲学和不懈地追求真理的论战中度过的，他表示"只要一息尚存，我永不停止哲学的实践，要继续教导、劝勉我所遇到的每一个人"。柏拉图在《理想国》中对人从生到死的教育提出了一系列的见解，主张通过优生、胎教、早期教育、初等教育、高等教育及任职后的继续教育来培养国家的最高统治者——"哲学王"。他明确提出，统治者在就任以后，除了管理好国家、公民和他自己，"在剩下的岁月里，他们得用大部分时间来研究哲学"，即人的一生接受的教育不是一次性的，而是连续的。亚里士多德也大胆地提出"儿童和需要教育的各种年龄的人都应受到训练"，最好使全城邦的公民都"受到同一的教育"。

除了"希腊三贤"提出过类似终身教育、终身学习的思想，在西方教育史中还有许多教育家都对这个问题发表过一些独到的见解。例如，17世纪伟大的教育家夸美纽斯在其《泛教论》手稿中提出了与现代终身教育思想非常类似的主张。夸美纽斯要求使"所有的人和每一个人：青年人和老年人，富人和穷人，贵族和贫民，男人和女人，总之，使每一个生之为人的人的人性都得到充分发展，最终使整个人类，不分年龄、出身、性别和民族都受到教养"。他认为："对整个人类来说，整个世界就是学校，从宇宙的开始到终结都是学校；同样，对每个人来说，他的生活从摇篮到坟墓都是学校。"他还主张："让各种年龄的人去做他所能做的事，让人终生都有东西要学、有事要做。"为了实现这一梦想，夸美纽斯将人的生命的整个过程划分为胎儿期、幼儿期、童年期、少年期、青年期、成年期与老年期七个阶段，并设想建立与这些阶段相对应的妊娠学校、幼儿学校、童年学校、少年学校、青年学校、成年学校及老年学校这七种学校，还规定了每一种学校的教育目的、教育内容、教学方法及教学原则等。可见，正如波兰学者苏霍多尔斯基所指出的，"在夸美纽斯的这些论述和设想中已蕴含着丰富的终身教育思想及将终身教育思想付诸实践所应采取的措施"。

　　以上这些思想反映了中外哲学家、教育家对教育的重视及对教育应贯穿人的一生的认识。从以上对终身教育思想的种种表述中，我们可以看出，先贤们往往从人性的发展、个人的自我完善的角度来论述终身教育，因而他们的具有古典意味的终身教育思想具有朴素性和自发性。

二、发展时期

　　近代工业革命对国民的基本素养提出了更高的要求，个人只有不断地接受适宜的教育才能更好地实现社会化。在此背景下，教育家给予了终身教育更多的关注。英国空想社会主义者罗伯特·欧文主张人从出生到成年都应当通过当时的最好方式受到教育和培养。在《新道德世界书》中，他要求对社会居民按年龄进行分组，使每一年龄的人受到适合他们的教育。另外，他还规定了包括 60 岁以上各年龄段的教育职责，强调未来社会的新人从出生到死亡都应接受不同内容的教育。法国近代教育理论的奠基人孔多塞也主张实施终身教育，他认为教育应该不限年龄，任何年龄学习都是有益的，而且是有可能的。英国实证主义教育家赫伯特·斯宾塞在其《教育论》中指出，即使在学校教育完成之后，仍然需要人们努力学习，只有这样，工业才能发展，社会才能进步。

　　"终身教育"这个词始见于 1919 年英国建设部下属的成人教育委员会提交的一份文件。该文件指出，成人教育应该是普遍而终身的。这是"终身教育"最早的概念性表述，反映了社会发展与个体尊严对终身教育的迫切要求，成为终身教育理论发展的转折点及现代终身教育思想兴起的标志，具有重大的历史意义。

三、成熟时期

20世纪后半期，终身教育思想在全世界范围内得到广泛认可与大力推广，迅速成为新的教育思潮，并且在各方努力下通过实践不断积累经验，以丰富理论内涵。联合国教科文组织以会议形式倡导和推动了终身教育的发展，其中主要有第二届成人教育促进国际会议和六届国际成人教育大会。

1949年，第一届国际成人教育大会在丹麦埃尔西诺举行。会议讨论了成人教育的一些基本问题，"为已有空前规模的国际合作创造了条件"。埃尔西诺会议可以说是终身教育发展史上的第一座里程碑。

1960年，第二届国际成人教育大会在加拿大蒙特利尔举行。会议一致认为成人教育应该是整个教育体制中重要的组成部分。这实际上是终身教育思想的萌芽。蒙特利尔会议是在思想和行动上确认终身教育的起点。

1965年，第二届成人教育促进国际会议在法国巴黎举行，保罗·朗格朗首次正式提出终身教育的概念和意义，并探讨了终身教育体系。经过多年的孕育，现代意义的终身教育思想终于从成人教育的母体中诞生了。

1972年，第三届国际成人教育大会在日本东京举行，把终身教育作为指导策略，在终身教育的背景下考虑成人教育的政策、方针、规划、行政管理和财政经费等问题。东京会议、同年发表的埃德加·富尔的报告书《学会生存》、汉堡教育研究所的一系列研究，使1972年成为终身教育思想发展过程中的又一里程碑。联合国教科文组织对终身教育思想的倡导达到高潮。

1985年，第四届国际成人教育大会在法国巴黎举行，会议首次明确提出了"学习权"的概念与范围，为终身教育向终身学习的转变奠定了舆论基础。从此，"终身学习"的概念广泛传播开来。

1997年，第五届国际成人教育大会在德国汉堡举行，会议从全民终身学习的角度把成人教育和继续教育作为全球性的事业，为终身学习的进一步深化做出了贡献。

2009年，第六届国际成人教育大会在巴西贝伦举行，会议以"走向美好未来的生活与学习：成人学习的力量"为主题。[①] 会议就有关成人教育的

---

① 何思颖，何光全. 终身教育百年：从终身教育到终身学习 [J]. 现代远程教育研究，2019（1）：66-77，86.

重要问题进行了深入而卓有成效的讨论，达成了许多富有成效的共识，并取得了一系列成果。此次大会在前五届国际成人教育大会的基础上取得了新的进展，对推动终身教育的发展具有重要的意义。

第三节　终身教育的主要流派及学术争鸣

一、终身教育流派产生的背景

其一，第二次世界大战结束后，世界政治格局发生了重大变化。然而，世界仍然面临经济发展、人口剧增、民族文化素质的提高、管理人才的培养等问题，这些问题都与教育有着密不可分的联系。传统的教育把教育的对象定为儿童和少年，这对解决这些迫切的问题是不够的，因此需要建立一种针对各个阶层、各个阶段的人的教育制度。另外，第二次世界大战后以原子能、电子计算机、空间技术和生物工程为代表的第三次科技革命推动了生产力的高度发展。20 世纪 60 年代，整个工业化社会出现了一个"黄金时代"，一些先进的工业化国家也面临着高度工业化带来的很多问题。产业结构发生变化，大量的职业消失，高度发展的生产力把人们从繁重的工作中暂时解脱出来，有了更多的时间来追求人生更高的精神需求。因此，无论是生存的需要还是追求更高层次的精神需求，都对教育提出了更高的要求。

其二，现代科学技术的日新月异和知识总量的飞速增长是终身教育思潮出现的另一个重要的条件。新理论、新学科、新发明的不断涌现，使知识总量不断增加，即使是某一个领域的知识也不可能在学校全部掌握。因此，教育的培养目的不应该只是让人掌握知识，而是应该培养人的学习能力、创造能力、协作能力等，应该超出传统学校范围，开发人在不同阶段的潜能。另外，信息技术的发展使得学校课堂教育能够走出校园，有了更广阔的天地。学校之外的各种教育为终身教育的实现提供了必要的条件。

其三，政治、经济的变革与科技的进步推动了传统价值观的改变和各种新思潮的出现。人们开始对传统的适者生存的观念进行反思，认为只有不断变革、不断充实，才能真正适应多元化的社会。另外，人们不再只关注私有财产，而是要求对人的基本权利的尊重，更多地关心公共事务、民主权利等社会事务。教育也被当作人的一种基本权利，人们要求教育来为其所追求的价值目标服务。

其四，终身教育理论主张教育过程贯穿从婴儿到老年的整个人生，是以科学对人自身认识的深化为基础的，特别是关于人的智力发展和学习能力的研究成果。研究表明："在一般情况下，以前归因于随年龄增长的能力减退，主要是两代人之间的文化差异造成的，他们所受教育的数量和质量是导致他们之间存在差异的主要原因，真正的减退在 60 岁以前是不可能发生的。"应该说，成人的智力是可以不断发展的，而这种发展又取决于受教育的程度，也就是说，智力是可以通过不断地接受教育来发展的。反过来说，智力的发展又可以使不断受教育成为可能。另外，对早期学习的潜能也有了很多的研究，对狼孩的研究表明，要使狼孩恢复到正常人的水平是不可能的，因为早期某些学习机会的错失是在以后难以弥补的。[①] 早期学习是成长后学习发展的基础，而且效果是比较持久的。个人的成就从某种程度上说与早期学习和智力发展有很大的关系。

二、终身教育代表流派及学术争鸣

终身教育理论自被提倡和推广以来，在发展和演变的过程中，基于倡导者的观点和立场不同，形成了不同的流派，这些流派在不同的发展阶段呈现出不同的特征。

（一）理念型终身教育流派

1965—1970 年是现代终身教育理论发展的第一个阶段，可称之为终身教育理论的"初创期"。在这一阶段，终身教育理念的倡导者和推进者主要是以保罗·朗格朗、埃德加·富尔为代表的研究小组，以及以联合国教科文组织汉堡教育研究所所长戴维等为代表的研究小组。

保罗·朗格朗的终身教育思想有两个特征：一是主张对既有的教育进行重新组合和体系化；二是强调尊重个人的主观能动性，重视自我教育和自我充实。其理论着眼于人格的整体形成，并以此作为实现终身教育的目标。

与保罗·朗格朗的终身教育思想观点相近，并在此基础上加以继承和发展的是联合国教科文组织国际教育发展委员会于 1972 年发表的报告书《学会生存：教育世界的今天和明天》。该报告书提出，为了克服现代社会因阶级对立、劳动异化等原因而造成的"被分裂了的人格"的弊端，同时为了实现"完全人格"这一目标，应设想并构建一种新型的学习社会。

---

① 史占泓 . 终身教育流派述评 [J]. 浙江科技学院学报，2002（4）：48-52.

此外，与保罗·朗格朗持相似观点的还有戴维。他强调，终身教育应是为提高个人的生活质量，并通过人生的各个阶段去实施的一种综合与统一的学习活动。

综上所述，以保罗·朗格朗为代表的理念型终身教育流派具有以下三个特点：一是原理性或理念性非常显著，二是具有高度的抽象性，三是理想主义色彩浓厚。

（二）斗争型终身教育流派

1970—1985 年是现代终身教育理论发展的第二个阶段，是终身教育理论由欧美主导逐渐向第三世界主导转换的时期，也可称之为"转换期"。这一时期，终身教育理论的发展和深化基本上是围绕以埃特里·捷尔比为代表的所谓斗争型终身教育流派的产生而展开的。

捷尔比自 1972 年起任联合国教科文组织终身教育部部长。有人评价道："从那时起，联合国教科文组织的终身教育论发生了划时代的变化。"捷尔比的终身教育论主张："终身教育应该是为蒙受利益损害的人们、受到压制的人们及遭受排挤、压榨的集团获得解放的工具。它的终极目标就是促进个人和集体生活、家庭及关于个人自身全面并且顺利地发展。"从捷尔比的观点来看，仅仅成为应对社会的必要手段还不足以体现终身教育真正的本质，而为受到压迫的人们、备受轻视的劳动者及第三世界贫困的人民获得解放而服务，这才是其终极的目标。换言之，对于所有处于社会不利地位的弱者来说，终身教育应成为他们开展斗争和获得解放的策略。

在斗争型终身教育流派中，与捷尔比持相同观点的还有保罗·弗莱雷、伊凡·伊里奇和霍拉等。

较之以保罗·朗格朗为代表的具有"空想性"特征的理念型终身教育流派而言，以捷尔比为代表的富有"科学性""勤劳性"特点的斗争型终身教育流派，在现代终身教育理念的构筑及在把这一理念推向实践化的进程方面，无疑都大大向前迈了一步。然而，两者之间也存在一些共通之处，如在推动现代社会的民主化和自由化，以及在保障人权和个人的学习权等方面，不仅观点一致，而且立场坚定。这实际上反映了当今世界教育发展的潮流和趋势。

（三）集体主义型终身教育流派

从 1985 年至今是终身教育理论发展的第三个阶段，开始由理念或思潮全面转向社会实践，以及进行政策化和法制化的实践探索和实施阶段。这一阶段主要以美国、英国、法国和日本等国家为代表，它们在终身教育立法及体系化方面做出了有益的尝试，并取得了成效。这一阶段的探索是把基础教育也视为终身教育体系不可或缺的起始部分，并主张把学校教育的内部改革置于终身教育的理念和框架之下。

除以保罗·朗格朗和埃特里·捷尔比为代表的终身教育流派以外，还有以马克思主义理论为基础的集体主义型终身教育流派。这一流派的主张与前两个流派相异，它强调把每个人的人格发展、道德品质的向上，以及个人的发展与社会主义共同体（国家或集体）的发展有机地结合在一起。这一流派的终身教育理论与前两个流派强调个人的自主性、主体性不同，它凸显的是国家和社会共同体的意识，即个人人格发展的前提条件必须置于"社会主义共同体建设"的目标之下。苏联、南斯拉夫及朝鲜的成人教育、终身教育学说均属于这一流派。

纵观自1965年以来终身教育理论的发展，其所经历了三个发展阶段及产生了三个具有代表性的流派，虽然各自的主张及侧重不尽相同，但是在运用终身教育来增强个人适应社会的能力、提高人的素质，以及进一步应对社会急剧变化而产生的挑战方面，三者的主张和立场基本相同。

三、终身教育理论的积极影响

（一）促进了成人教育的发展

终身教育和成人教育联系密切，终身教育的发展极大地促进了成人教育的发展。联合国教科文组织在促进终身教育的运动中，把成人教育划分到终身教育发展的优先领域，成为终身教育体系重要的组成部分。1972年在日本东京召开的联合国教科文组织第三届国际成人教育大会的议题就是"在终身教育背景下的成人教育"。各国也纷纷响应号召，积极开展成人教育运动，强化把成人教育作为终身教育体系的重要部分的意识，并以立法的形式来保障成人教育的权益。另外，属于成人教育范围的回归教育和继续教育也有了很大发展，并作为实施终身教育的一种战略，把终身教育的思想具体化。在终身教育的影响下，成人教育不再是教育的补充，而是超越了传统教育和职业教育的范畴，成为实现终身教育的一个基本条件。

（二）促进了学前教育的发展

虽然研究学前教育的教育家有很多，但把学前教育真正纳入正规教育体系还是在终身教育出现之后，学前教育从保健型转向了保健教育型，各国都开始重视学前教育中的智力开发和技能培养，并注重学前教育和小学教育的衔接。零岁教育的观念已逐渐深入人心，并且认为学前教育会对今后的基础教育，甚至是成人教育产生重要影响。

（三）促进了学校的教育改革

终身教育促进了世界性的学校教育改革运动，终身教育的原则成为各国改革行动的指南。学校的教育目的从培养有一定知识和技能的人转变为培养具有各种能力，尤其是能够学会学习的人。学校体系开始向社会开放，出现了各种形式的学校，如英国的开放大学、日本的放送大学、中国的国家开放大学，以及各种互联网大学，使更多的人能够有机会接受教育。

（四）促进学校教育以外教育形式的发展

终身教育可通过家庭教育、学校教育、社会教育、企业教育的共同合作来实现。家庭教育是终身教育的起点，父母是孩子的第一任教师，婴儿从出生开始就可以接受父母的教育了。图书馆、博物馆、广播电视、互联网慕课等为学校以外的教育提供了多种学习途径。企业的上岗培训和各种形式的在职培训也得到了很多公司的重视。

终身教育从 20 世纪 60 年代兴起至今已有 50 多年的历史。在联合国教科文组织的积极倡导和各国政府的大力配合下，已经取得了不错的成绩。终身教育观念已经深入人心，各国都想建立一套适合本国国情、能够贯穿人一生的教育体系，并且都在为此做出自己最大的努力。实际上，目前也已经取得了可喜的成果。学前教育和成人教育的空前发展，学校教育体制的多元化，企业教育和老年教育的蓬勃发展，这些都是终身教育思想的产物。此外，终身教育对社会文明的发展、人的素质的提高起着极为重要的促进作用。在终身教育思想的影响下，人们的教育观念有了很大改变，贯穿一生的学习使人们不断有机会来接受新的观念、思想和信息。人的素质的提高也会促进人与人之间的相互理解。终身教育显示出其强大的生命力。正如保罗·朗格朗预言的那样，这种新的教育思想和教育形式是大有希望的。

第四节 终身教育的本质、特点及价值

一、终身教育的本质

我们对终身教育含义的理解是建立在对终身教育本质的深刻认识的基础之上。终身教育的本质可以从以下三方面来思考：从终身教育与其他教育的区别来理解其外延；从终身教育自身发展的逻辑来把握其内涵；从终身教育与社会发展和人的发展历史联系来动态把握其实质。

（一）终身教育是一种全新的教育理念和教育实践

教育按空间划分，包括学校教育、社会教育和家庭教育；按教育对象的年龄划分，包括幼儿教育、青少年教育、成人教育、老年教育；按教育的性质划分，包括普通教育、职业教育、专业教育、大众教育和英才教育。此外，还可以从教育的内容、职业领域、主要教学手段、制度等角度来划分。

然而，终身教育与传统意义上的各种教育有着很大区别。终身教育包括了以上所有的教育形式，而这些教育形式都可以是构成终身教育的基本要素或内容。这里的"传统教育"是以教育发展的阶段性为基础、以教育资源的制度安排为基本条件、以社会需要为基本动力、以满足社会需要为评价导向的、忽视个体的现实需要和终身发展能力的教育的总称。[①]事实上，终身教育制度建立以前的教育，因为其单一的结构、功能，以及各种教育组织的相互隔离，都可以称其为"传统教育"。

1. 在教育目的方面，培养"现实的完人"

终身教育的目标是培养"现实的完人"——一个独立的人及处在同他人和整个社会关系中的人。它以人的全面发展为核心，承认人的个性因素，遵循人的个性发展规律，让所有的人根据自己的需要，在人生的各个阶段都能得到学习的机会。它消除了一次性教育带给人的挫败和苦恼，允许并提倡人们多次、多样选择，使每个人都有足够的机会发展自我，完善自我，最大限度地发挥自己的潜能。传统教育的目的都是阶段性的、局部的，甚至是僵化

---

① 杨晨.终身教育的本质属性在"终身"[J].成才与就业，2014（23）：27.

的，各级各类教育的目的之间没有多少连续性，人的个性发展和整体发展受到忽视。

人的需要和社会需要是不断发展变化的，终身教育以人和社会的需要为出发点来制定目标。"学习社会的终身教育，并不是有意创造特定的'完人'，完全是以每个学习者的个性得到丰富、成长、发展为中心，以提供多种教育机会为重点。"因此，终身教育的目标是多元的、动态的、发展的。

2. 在教育时间方面，表现为终身性

按照传统的理解，教育就是学校教育。以高中以后的教育为起点、以博士教育（包括博士后）为最高级别的传统高等教育是教育的终点。除此之外的教育形式，要么被排斥在教育之外，要么列为非正规的、非正式的教育。终身教育改变了传统教育的定义，让人们意识到教育应该贯穿人一生的各个阶段，人一生的各个阶段也都需要教育。尽管人的一生中可能有若干时期需要特别努力地进行学习和训练，也可能某个或某些时期对学习更为有利，但是人们在一生的多个阶段都可以通过各种形式接触和学习许多智力、体力方面的知识和技能，可见教育具有统一性、连续性和终身性。

3. 在教育空间方面，表现为全方位性

传统教育强调的是制度化的教育，教育的空间也是正规的教学活动场所——学校或教室。由于现代科学技术的发展，特别是现代信息通信技术的发展，产生了新的教学手段，为人们提供了各种学习途径，加上人们已经把学习视为社会生活的一种方式，所以人们用来工作、生活的场所都具有了教育的功能。这种空间表现为实体与虚拟、固定与流动、个体与社会、有形与无形、封闭与开放的统一。

（二）终身教育是对现有教育的一种整合和合理超越

终身教育将现有的各级学校教育、各种形式的教育都纳入其中，在尊重其各自具有的价值和特点的基础上，实现了多样性的统一，突破了以学校教育为坐标的传统教育体系，丰富了现代教育的内涵。

1. 教育目的的整合

终身教育超越了各种形式教育的目标，将人的全面发展的目标贯彻在各种教育形式之中，使每一阶段的发展都为后一阶段的可持续发展打下基础，

而后一阶段的发展又是前一阶段发展的深化。

2. 教育资源的整合

终身教育不仅将各种社会资源（如图书馆、博物馆、文化馆、体育馆、科技馆等）纳入调配的范畴，也将网络资源作为重要的组成部分，还将教育过程中的各种资源（如师生关系、学生活动、教学中的即时信息等）视为重要的资源形态，极大地丰富了教育的内容，拓展了课程资源。

3. 教育形式的整合

终身教育实现了不同年龄段、不同教育主体、不同教育时间、不同教育级别、不同教育性质、不同教育空间的教育形式的整合，以及外部教育与自我教育的整合。

终身教育不是对现有教育的一种简单整合，而是将教育提升到人的发展和社会发展统一的高度，是全人类的社会理想和每个人的人生目标。终身教育不是被动生存层面和适应层面的教育追求，是教育本质的真正回归。

（三）终身教育是人、社会、教育相统一的教育体系

1. 从人的发展来看，与社会和教育的发展是一致的

人的发展过程与人类社会的发展具有同构性。因为人的生命活动不是孤立的，不能脱离社会，不能脱离历史，人的本质是一切社会关系的总和。而且，每个人自由地、充分地发展是社会全面发展和进步的表现。个体的创造力在创造个体新的生活，使人类自身生生不息的同时，也使整个社会充满生机和活力，不断推进社会向更有利于人类生存的方向发展。终身教育所追求的"完人"的目标与社会的发展目标是一致的，或者说本身就是理想社会的目标，是人、社会、教育相统一的体系。

2. 从社会的发展来看，与人的发展是一致的

人类对理想社会的描绘和追求绝不只是少数思想家才具有的形而上学式的冲动，而是人类普遍具有的理性冲动。从柏拉图的"人类第一梦"到黑格尔，再到马克思，人类社会的理想蓝图越来越清晰。如果用一句话来概括马克思的社会理想，那就是"实现全人类的解放"，即将人类从束缚自身的各种枷锁中解脱出来，实现真正的自由。千百年来，自由就是对人类

的最大诱惑。人们生来深受自然和社会的双重制约，但却从来没有停止过摆脱枷锁、走向自由的斗争。终身教育以人的自由发展为前提，又以人的全面发展为目的。这样，终身教育与理想社会具有共同的目的：人的自由、全面地发展。理想的社会是人被解放的社会，终身教育是解放人的最有效的手段。

3. 从教育与社会发展之间的关系来看，终身教育与社会发展高度融合

"教育处于社会的核心位置"，教育是人类社会的特有现象，是一种促进人的自身成长和发展的社会活动。社会性是教育的根本属性。在原始社会，教育没有从社会活动中分离出来。但当制度化的教育产生后，教育从社会实践活动中分离出来，拥有了独立的社会职能，即专门培养人的社会实践活动。教育一度远离了社会生活，脱离了社会实践。教育被职能化，忽视了教育的原点——为人的整体发展和个性发展服务，提升人的价值，提高人的生活质量。

教育与社会的双向结合——教育社会化与社会教育化已成为当代教育发展的重要趋势。教育社会化强调了教育与社会的广泛联系，全社会都要支持教育，教育为整个人类发展服务；社会教育化则强调社会的各行各业、各部门、各个环节在完成其本体职能时，也要体现教育的职能，把各项任务的实现与人的发展直接联系起来。教育社会化和社会教育化的双向结合体现了终身教育和现代社会的本质联系。正因如此，终身教育的思想成为人类社会理想的核心内容。终身教育自 20 世纪初萌芽后，发展极为迅速。今天，它已成为不可阻挡的世界教育改革新潮流，也成为世界各国普遍认同的未来社会的发展目标。

二、终身教育的特点

（一）整体性

终身教育包括个体从出生到死亡的所有教育，是一个"形散而神聚"的有机整体，具有高度的整体性，这也是终身教育最本质的特点。它意味着终身教育不是各级各类教育的相互分割或简单叠加，而是相互协调和沟通，具有整体大于各部分之和的功效。终身教育的整体性可从以下六个方面来理解。

1. 教育内容的整体性

终身教育强调人的全面发展和持续发展，因此教育必须从人的发展需求入手，促进个体德、智、体、美、劳的全方位发展。也正因如此，终身教育主张文理渗透，反对一般教育与职业教育之间的过分分割，同时强调教育内容的有机协调和相互促进。

2. 教育形式和方法的整体性

终身教育特别强调各种教育形式和方法的结合，如现实教育与虚拟教育的结合，面授教育与远程教育的结合，正规教育、非正规教育和非正式教育的结合，教育与生产实践的结合，继承性教育与创新性教育的结合，等等。

3. 教育制度的整体性

终身教育是一种完整的制度，其整体性或一体化将贯彻两个组织原则：一是垂直贯通，即从制度上消除入学障碍和学习障碍，保证各级各类教育的衔接，从而体现各级教育的连续性和一贯性；二是水平整合，即从制度上保证个体在生命周期的不同阶段可获得各式各样的教育活动和学习机会，还可以建立学校或其他具有教育功能的组织之间的联系，构成全方位的学习网络。

（二）协调性

既然教育是一个连续不断的过程和不可分割的统一体，就必然要求社会领域内的一切组织机构、家庭、社区、大众传播媒介等协调一致、相互配合。协调性包括两个方面：一是纵向协调，人的一生是不断学习、不断成长的过程，要从低级到高级、从简单到复杂接受不同层次的教育，这就需要各种教育层次之间协调一致；二是横向协调，人的一生在接受各种不同层次教育的同时，也接受来自社会各方面的影响，所以要求所有的教育组织、社会机构、家庭、社区等都应相互配合、协调统一。尽管传统教育也把协调性作为需要遵循的教育原则，但由于它把教育局限在学校的围墙之内，所以其协调性也只能是学校内部教育的纵向协调和各部门之间的横向协调。可见，终身教育的协调性的意义比传统教育深入得多、广泛得多。

（三）多样性

终身教育具有多样性的特点，不仅体现在其教育形态多样、教育内容多样、教育方法多样等方面，还体现在投资主体多样、教育职能多样及教育发展模式多样等方面。由于教育形态多样、教育内容多样、教育方法多样等内容前文略有讨论，因此这里主要分析终身教育投资主体的多样性、教育职能的多样性及教育发展模式的多样性。

1. 投资主体的多样性

终身教育不仅应包括国家、社会、组织、家庭和个人的多级投资主体，还应包括同一级别中不同的投资主体，如教育不单是教育部门的职责范围，也是其他相关部门（如人力资源和社会保障部、财政部等部门）的职责范围，这就要求教育发展必须实施综合行政和综合管理。从这一层面来看，终身教育打破了国家作为唯一或绝对的教育投资主体的局面，有助于教育资源的优化配置，有助于投资主体获得相对理想的教育收益。

2. 教育职能的多样性

从终身教育理论产生和发展的社会背景来看，正是现代社会发展所产生的诸多令传统教育无法解决的问题或危机，促使人类社会进行教育改革和教育创新。终身教育被视为解决现代社会危机和挑战的手段，这表明终身教育具有解决多方面社会问题的职能。例如，终身教育有助于教育与生活或工作的相互结合，有助于满足不同层次和不同类型的学习需求，有助于促进人的可持续发展，等等。

3. 教育发展模式的多样性

由于社会经济发展水平、历史文化传统、社会发达程度、公民基本教育水平的差异，使各国或各地区对终身教育的理解不同，终身教育体系构建的重点及发展进程也不同，从而出现了各具特色的教育发展模式。

（四）连续性

终身教育的连续性是相对于传统教育的阶段性而言的，传统教育的"前端模式"将教育限制在人生的某些特定阶段，即儿童和青少年时期，只对人生中的儿童和青少年时期负责。在社会发展缓慢的条件下，这种一次职前教育终身受用的教育格局有其存在的合理性。但是20世纪50年代以后，科学技术日新月异改变了社会经济结构和产业结构，进而引起就业结构的变化，使劳动者不可能在其一生中只从事一种职业。面对职业的变化，劳动者必须调整自己的知识结构，掌握新的劳动技能，这就向教育系统提出了重新学习的要求。作为一种把教育贯穿人的一生的教育思想，终身教育主张教育的连续性和一贯性，要求教育从过去仅对人生早期的职前负责到对职后的整个人生负责。教育时限的极大扩展，使人们通过不间断地学习，从智力、体力、情感等方面做好充分准备，从容面对由于社会变革而带来的各种挑战。

（五）开放性

终身教育体系是一个有机的开放系统，具有很强的开放性，其系统内部各要素之间，以及系统与社会外部环境之间不断进行物质、信息和能量的交换。终身教育的开放性体现在以下两个层次上。

1. 系统对外部环境的开放

（1）终身教育的发展，要改变传统的教师观念，真正贯彻能者为师的理念。也就是说，除职业教师外，许多社会成员都可能成为教师，尤其在其擅长的领域。因此，发展终身教育时，一方面学校教育的师资要为社会提供各种教学服务；另一方面又必须充分调动和利用社会的教师资源，为各级各类教育提供必备的师资条件。

（2）终身教育的发展，要适应不同客体的需要，真正贯彻因材施教的原则。不同的个体或群体有各自的个性特征、群体特征和约束条件，终身教育应从有利于人才培养的角度和立场出发，采用各种可能的和有效的方式、方法、途径和手段，从而使教育方式能够适应不同教育客体的需要，真正贯彻因材施教的原则。此外，不同的教育内容也要求教育方式的开放，以保证教育的可行性和有效性。

（3）教育客体不再局限于传统学龄儿童和青少年，不再局限于强势群体，而是包括传统学龄儿童和青少年及强势群体在内的所有社会成员。社会所有成员都可以在他们认为需要的时候进入或重新进入教育系统，接受自己所需要的教育。可以说，终身教育是一种"有教无类"的教育。

2. 教育系统内部各子系统或各要素之间的相互开放

终身教育是一个要素繁多、结构复杂、功能多样的大型系统，从教育内容上划分，可以将其划分为基础教育和专业教育，专业教育又可进一步划分为文、理、工、医、农、林、师范、财经、政法、体育、艺术、军事等各大门类，每一门类又可划分为若干具体专业；从教育对象上划分，可以将其划分为婴幼儿教育、儿童教育、少年教育、青年教育、成人教育和老年教育等。

尽管终身教育系统内部要素繁多、结构复杂，但是教育系统内部各子系统或要素之间总表现出一定的层级和类型，因此它们之间的开放性主要体现在纵、横两个维度上。在纵向维度上，教育系统内部各级子系统之间有效衔接或贯通。终身教育的纵向贯通包括各级教育之间有效的垂直贯通和斜向贯通，这意味着"进了职业中学的门，就断了进大学的路"的封闭性的"断头"教育将在终身教育系统中逐渐消失。在横向维度上，教育系统内部各类子系统之间的教育内容相互渗透，教育信息、教育资源的共享，教育制度的沟通，教育目标的相互借鉴，都表现出很强的开放性。

（六）国际性

终身教育的国际性主要体现在两个方面。一方面，它是国际合作的产物。终身教育得益于联合国教科文组织的直接倡导和推动，得到了各国政府的积极响应和合作，成为一项各国政府认同的基本教育原则。另一方面，终身教育培养的是关心全球安危、关注人类命运、具有国际合作精神的世界公民。在现代科技革命的推动下，国家之间、地区之间经济合作的范围和领域不断扩展，与此同时，地球生态环境的不断恶化也跨越国界，直接威胁着人类的生存。人类在尽享信息时代种种便利的同时，应阻止生态环境的恶化，这需要终身教育培养一代新人。要想真正获得"关心"的胸怀、情感和能力，就必须在终身教育体系中不断更新自己的科学文化知识和能力，同时培养宽容与批判兼备的精神和人格。

综上，终身教育思想不只是一种教育理念，还是一系列具体的思想、实践和成就，它包括教育的各个方面。对个人而言，终身教育贯穿人的一生；对社会而言，它是全体公民，乃至全人类的教育。我们构建终身教育体系，就是要将一切教育机能整合起来，使之系统化，以满足人的全面发展的需要。为了实现这种整合，需要做到以下两点：其一，必须充实有利于学习活动的教育资源；其二，必须考虑社会各领域现有教育资源的实际情况和条件，研究并掌握人的各个发展阶段，这是今后努力的方向。

三、终身教育的基本价值

如今，人们普遍认识到构建终身教育体系既是应对 21 世纪挑战、实现人类和社会可持续发展的必然选择，也是推进全面建设小康社会的基本内容。然而，从实践情况来看，人们对终身教育的理解还不深入，不少人不了解终身教育的价值。事实上，只有理清终身教育的价值，才能更好地认识和理解终身教育，才能将终身教育的实践引向正轨，真正推动社会和个体的持续发展。具体来看，终身教育的价值主要有以下三个方面。

（一）有助于现有教育体系的变革

首先，终身教育有助于推动传统办学体制的改革。传统的办学体制以政府主办的公立学校为主，这一体制虽然有助于教育资源均衡分配，但事实上由于地区发展不平衡等因素的影响，地区公办学校之间也存在一定的教育资源差异。实施终身教育，有助于将各种社会力量和个体加入学校的创办者的队伍中，使办学主体多元化，满足多样化的教育需求。

其次，终身教育组织之间灵活的学分累积、沟通和转换制度，将加强各级各类和各种形式的教育的有机衔接与有效沟通，使学校教育、社会教育与家庭教育整合在一起，使正规教育与非正规教育相互补充。

再次，终身教育将促进课程改革和教育资源的开发与整合。由于终身教育突破了学校的封闭性、教育管理的僵化性，使教育与社会之间产生了广泛的、实质性的联系，所以必将扩大教育资源，使学校组织与整个社会联系在一起，使学校的教育内容保持一种常新的状态。

最后，终身教育将促进教学方法和手段的改革。现有的教学方法和手段比较落后，除了经济原因，还受到时空的局限。终身教育是以学习者为中心，处处可学习、时时可学习的观念，以及现代科学技术在教育中的广泛应用，使多种多样的、具有启发性的方法或手段（如网络教学、多媒体教学、广播电视教学等）都纳入现代教学的范畴。

（二）有助于实现教育机会均等

终身教育摒弃了传统教育的选拔与淘汰制度，拓宽了人们在学习、训练和职业改进等方面的空间，使民主原则在教育上得到有效落实，从而实现教育机会均等的目标。《学会生存：教育世界的今天和明天》认为，教育只有采纳了终身教育的理念，才能变成有效的、公正的、人道的事业。也就是说，"当教育成为一个连续不断的过程时，人们对于成功与失败的看法也就不同了。如果一个人在他一生的教育的过程中在一定年龄和一定阶段上失败了，那他还会有别的机会，他再也不会终身被驱逐到失败的深渊中去了"。

（三）有助于教育理论和观念的革新

终身教育打破了原有的教育制度及其实践模式，将学校教育、家庭教育和社会教育，以及正规教育与非正规教育有机地整合在一起；打破了学习与工作的界线，使学习真正成为人的一种需要、一种生存方式。终身教育也因此突破了传统教育的本质观、价值观、教学观、管理观、结构观、内容观；突破了教育在某种具体领域的理论研究的局限性，从而使终身教育理论摆脱"科学主义"或"人文主义"的纠缠，使教育理论产生质的飞跃，即终身教育理论真正上升为"人的科学"，一种主张通过学习改变自我的认识和行为、创造新的自我和新的社会的科学。

终身教育实践从当代社会变革给人类生存带来的挑战，以及人类如何迎接挑战的实际出发，在充分运用现代科学的最新研究成果、系统深入地批判传统教育弊端的基础上，对现有的教育进行了根本改造。对普通民众来说，学习变成每个人生活的一部分，改变了自己的生存状况，提高了生活质量，这将使终身教育的理念深入人心，使人们更加重视终身教育的价值和作用，并自觉投入到终身学习之中。

终身教育对人类固有的教育观念造成了巨大冲击，结束了沿袭千年的职前教育模式，扩大了人们对教育的认识范围。同时，终身教育也十分注重实践性和知识的适用性，以个体在职业、生活、成长中的各种现实问题和实践需要为起点，为人们终身职业能力的不断完善、个人价值和个人生活的不断提高开辟了广阔的渠道。此外，终身教育还改变了传统的生命概念和健康概念，以"生命在于无尽的探索"替代了传统的"生命在于运动"的观念，将个体的生命发展提升到了新的高度。

第二章 职业教育的基本理论框架

第一节 职业教育的概念与内涵

一、职业教育的概念

职业教育是人类的一种复杂活动。据统计，目前职教学界对职业教育概念的定义有 30 种之多。从理论上说，对职业教育概念的界定不只是对职业教育现实的摹写，而是基于现实职业教育问题，研究者以自身的理论关怀为实然职业教育问题做出的应然回应。本节，笔者从分析职业教育的几个关键词开始，试图对职业教育的概念进行初步探讨。

（一）职业的概念界定

笔者在收集相关资料时，发现对职业的概念的论述散见于各种职业分类标准和相关学科的研究成果中，并且是全方位的。

1. 从词典释义来看

在英语中，"vocation" 一词是由拉丁语 "vocare" 转化而来的，意为由神感召而得到神职。在《牛津高阶英汉双解词典》中，"vocation" 指 "工作、职业""占据某人时间的活动""（认为自己适合做某事的）使命感（尤指社会上的或宗教上的）""（对某种工作）天生的爱好或才能""行业、职业"。在中国，"职业"一词最早见于《国语·鲁语》："昔吾王克商，通道于九夷百蛮，使各以其方贿来贡，使勿忘职业。"这里的"职"指执掌之事，"业"是古代记事的方法，把要做的事在木棒上刻成锯齿状，有多少件事刻多少齿，做完一件事就消除一个齿，叫作"修业"。《辞源》对"职业"的解释是"泛指所从事的主要工作"。同样，"职业"一词在《辞海》中被解释为"个人在社会生活中所从事的作为主要生活来源的工作"。《汉大商务汉语新词典》中对"职业"的解释为"个人所从事的作为主要生活来源的工作""专业的，非业余的""指分内应当做的事"。

2. 从职业发展史来看

职业起源于社会大分工。在远古社会，人们一起打猎、捕鱼，一起生活，职业的概念还未形成。在奴隶社会和封建社会早期，由于有了剩余产品，统治阶层开始形成，社会职业开始分为奴隶主和奴隶，社会职业数目少。在工业社会，工作和生活的其他方面开始分离，特别是随着现代工业自动化，社会生活日益富裕，社会分工越细，职业的数量也就越多。20世纪80年代以来，"职业化"一词更准确地说是指行业化。"行业化"可以有两种解释：一是指为从事特定行业的工作做准备，而不是为职业或一般成人生活做准备；二是指用以调节教育的生产意识，而不是服务于生产的教育意识。意大利马克思主义者葛兰西认为：一方面，工作可以成为一种教育原则；另一方面，产业工人是未来的统治阶级，因此，需要理解他们的工作环境及工作技能的经济、社会和文化意义。葛兰西拓展了职业的概念，使这一概念从个人化的"天职"转变为面向所有人，原则上表述为对工作的一种承诺、对工作意义的认识。

3. 从学科研究来看

从经济学角度来看，职业强调同劳动的精细分工紧密相连。劳动者相对稳定地承担某项具体的社会劳动分工，或者较稳定地从事某类专门的社会工作，并从中获取收入，这种社会工作便是劳动者的职业。职业是人们谋取自身及其所抚养成员生活的经济基础的工作，这里所说的经济基础就是生活所必需的物质资料。为获得生活所需要的物质资料，就必须持有相应数量的货币。从这个意义上讲，职业又是人们为了获得能够购买生活资料的货币所从事的工作。从社会学意义上讲，法国的职业社会学专家李·泰勒认为，职业是一种重要的全社会现象。叶至诚从职业的功能出发，对职业的概念进行了总结。他认为，职业具有八大功能：从经济功能看，职业使人充分就业，促进经济发展与繁荣；从政治功能看，促使政治稳定，更加民主、自由、平等；从社会功能看，使社会安定，经济基础稳固，减少社会问题的发生；从文化功能看，通过就业者的职场交流互动，不仅能促进文化融合，还可展现不同族群的特色，甚至以族群文化为创业的基石；从心理功能看，通过职务接触互动获得理解和支持，从而提升精神层次的满足感；从生理功能看，通过工作所得，除了满足个体的身体营养与物质所需，还能通过劳动促进身体健康；从教育功能看，工作除了使个体所学在工作场所运用，还能经由工作增进专业知识，进而建立终身学习的生涯规划；从家庭功能看，通过工资报酬，可使个体负担起养家糊口及家人各项消费所需要的费用。因此，从社会学的观点可以看出，对于个人来说，职业是人的社会性各个方面的展现。

综合对职业不同维度的认识，笔者认为职业是人类生活的外在表现，这些活动因其结果而让人感到有意义。从人本身来看，职业不过是人追求意义过程的外在行为表现。

（二）职业教育的几个关键词

职业教育用英文表达有四种方式，即"vocational education""vocational and technological training""vocational and technological education""technological and vocational education and training"。

关于职业教育的名称，国际上多年来一直争论不休。1974 年，联合国教科文组织第 18 届会议通过的《关于技术和职业教育的建议》这一文件中，提出了职业教育所使用的一个综合性术语"技术和职业教育"。1999 年 4 月，联合国教科文组织在韩国汉城（今首尔）召开了第二届国际技术与职业教育大会，又将这一称谓改为"职业和技术教育与培训"，将职业教育和就业培训、在职培训视为一个统一的连续过程。近年来，联合国教科文组织、国际劳工组织、世界银行、亚洲开发银行等国际机构越来越普遍地采用一个广义的概念，即"技术和职业教育与培训"，用以替代传统的职业教育。德国、美国等国家的职业教育，泛指除基础教育、普通高等教育、成人继续教育以外的为培养职业能力而进行的教育。在中国，"职业教育"一词最早出现在山西农林学堂总办姚文栋写于 1904 年的公文中："论教育原理，与国民最有关系者，一为普通教育，一为职业教育，两者相成而不相悖……本学堂兼授农林两专门，即以职业教育为主义。"在中国职业教育发展史上，职业教育的称谓经历了从百工教育、实业教育、职业教育、技术教育和职业技术教育，又回到职业教育的演变。自 1994 年以后，中国将这一类型的教育统称为"职业教育"，现在已成法定名称。时至今日，中国职业教育界仍然使用"职业技术教育"，并将它等同于"职业教育"。

从国内外对职业教育的称谓来看，职业教育概念中涉及四个关键词，即

"职业（vocation）""技术（technology）""教育（education）""训练（training）"。因此，要想理解职业教育，就必须从职业教育的这四个核心概念入手。

二、职业教育的内涵

中国的研究者对职业教育内涵的理解各有不同，有人把它归结为四论，也有人把它归纳为三论。在笔者看来，仅理解何谓"职业"和"技术"并不能给"职业教育"下定义，还需要界定何谓"教育"，唯有在教育的立场中观照"职业"和"技术"，才能算是接近"职业教育"理想的边界。

关于教育的含义，笔者比较赞同德语对"教育"一词的定义。"教育"的德语为"erziehung"，起源于拉丁语名词"educate"，意思是"引出"，表示引发人的内在潜能，使之变成现实。在汉语词典中，"训练"（training）指的是"教养、教育、锻炼、训练""使朝着……方向生长"。所谓"训练"，是使学生获得动作技能的过程。从英文释义来看，"教育"与"训练"均有"引出"之意。教育，即通过传递知识来实现人的全面发展，但并不是任何知识都能进入教育场域，教育场域中知识的内在构成包括三个不可分割的组成部分，即符号表征、逻辑形式和意义性。职业教育场域中的技术（知识）必须具备三个基本特征，即"职业""技术"的知识必须符合这些条件才可能实现教育的目的。[①]

（一）技术的符号表征

作为人类的认识成果，任何知识都是以特定的符号作为表征的。符号所表征的是人类对世界的认识所达到的程度或状态，即"关于世界的知识"。对于教育而言，这些符号表征是值得传递的，是需要通过教育活动让学生获得的。任何严格意义上的教育，必须保证让学生获得人类的认识成果。但如果教育工作者把符号表征看作技术的全部，那就过于狭隘了。因为人类的知识生产凝结了人类的理性智慧和德行智慧，尽管它所承载的智慧和意义对每个人的发展而言是假定性和预设性的，需要教育过程的转化活动才能由预设性转向生成性、由假定性转向现实性，但是也应该思考符号表征背后隐含的是什么、技术之后是什么等问题。唯有如此，技术教育才能走向深刻。

---

① 尹能民. 论高等职业教育内涵发展 [J]. 作家天地，2021（17）：168-169.

（二）技术的逻辑形式

逻辑形式的技术指的是过程性、动态性的技术。技术的逻辑形式是指人认识世界（包括工作世界）的方式，具体包括技术构成的逻辑过程和逻辑思维形式。任何技术（知识）的形成都经历了分析与综合、归纳与演绎、类比与比较、系统化与综合等逻辑思维过程，都包含着概念判断和逻辑推理等逻辑思维形式。如果说符号表征表明的是人对世界的具体看法或认识结果，那么逻辑形式则体现的是认识世界的方式和过程。赫斯特认为，最有价值的知识是"认知知识的形式"，这是与技术的符号表征相比较而言的。任何技术都反映了人认知世界的方式，这种"认知知识的逻辑形式"是隐含在符号表征之中的。正是因为技术中内在蕴含着"认知知识的逻辑形式"，我们才能够转识为智，技术才可能具有价值。人获取技术，最重要的不是要知道它是什么，不只是作为认知层面的知识来接受，而是作为应用层面的智识来经历。如果技术教育仅仅停留在符号表征的传递上，那它永远只能是告诉式。

（三）技术的意义性

技术的意义性指的是技术的意志特征。技术的意义是其具有的促进人的思想、精神和能力发展的力量。作为人类认识成果的知识，蕴含着对人的思想、情感、价值观，乃至整个精神世界具有启迪作用的普适性的或假定性的意义。这种普适性的或假定性的意义的存在，使学生通过对技术的学习从而建立价值观成为可能。技术的意义是技术的内在要素。之所以说"知识改变命运"和"科学技术是第一生产力"，就是因为技术的意义性。费尼克斯就曾经明确指出，知识就是意义的领域。从认识论立场上看，知识的意义是假定性的。从教育的立场上看，知识的假定性意义不是让学生直接接受的，而是学生建构新的意义系统的基础。因为对学生的发展来说，技术的现实意义是多元的、多样的，意义实现的方式是无限的。正如费尼克斯所说："从理论上说，意义的多样性没有止境。意义形成的不同原理也被认为是无限的。"技术的意义性的存在，使职业教育理所当然地要承担起价值观教育的使命。因此，从教育的立场上看，只有同时具有符号表征、逻辑形式和意义性，才是职业教育立场中的"技术"。

由此观之，职业技术教育是与人的发展过程相关联的"职业""技术"知识的再生产，是人的价值性成长，是与人的成长和发展相关联的意义系统。教育立场中的"职业""技术"具有价值的生成性、意义的现实性、内容的情境化、结论的个人化四个方面的内涵。职业教育中的人具有生成性，是追求价值和意义的人，这意味着职业教育应该是一个充满意义的系统。可以说，职业教育是以"职业"和"技术"知识为中介的人的价值的实现过程。

第二节　职业教育的地位与特征

一、职业教育的地位

职业教育作为一种与社会经济发展联系最为直接、最为密切的教育，在社会经济发展中处于不可或缺且优先发展的地位，其发展程度是一个国家经济发展水平和教育现代化水平的风向标之一。

（一）职业教育地位的含义

职业教育的地位是指职业教育作为一种客观存在，在正常发展时，在社会关系中、地域内经济建设和社会发展中应处的位置。

职业教育的地位有四层含义。其一，是指职业教育在人们心中的位置，即职业教育在人们心中所受重视或尊重程度的综合反映。其二，指职业教育在地域内经济建设和社会发展中应处的位置。职业教育是一种在经济建设和社会发展过程中起重要推动作用的社会活动。各国关于职业教育地位的阐述，一般是指在经济建设和社会发展中应处的位置。其三，是指职业教育作为一种教育类型，在整个教育体系中所处的位置。职业教育在教育体系中应该处于什么位置？职业教育与其他类型的教育是什么关系？职业教育是不是某些人所认为的从属于其他教育类型的教育？这些问题既影响职业教育本身的发展，也影响整个教育事业的发展。其四，是指职业教育在人的发展过程中所处的位置。从根本上讲，职业教育的目的是培养人，它在经济建设和社会发展中的作用也是通过培养人来实现的。

（二）职业教育的地位

职业教育是国民教育体系和人力资源开发的重要组成部分，是广大青年打开通往成才、成功大门的重要途径，肩负着培养多样化人才、传承技术技能、促进就业创业的重要职责。《国家中长期教育改革和发展规划纲要（2010—2020年）》把加快发展现代职业教育摆在更加突出的战略地位，要求切实把握发展机遇，着力解决突出问题，努力实现更大规模、更好质量、更高水平的发展，为实现中华民族伟大复兴梦提供强有力的技术技能人才支撑，推进职业教育科学发展。

首先，职业教育是促进人的个性发展，直接适应经济、社会发展和个人生存需要的主要中介。职业教育的中介地位是指职业教育在人的发展中的特殊位置。职业教育促进人的个性发展，不是"普遍性"的或者是"特殊对象性"的，而是直接对应社会需要和个人生存需要的，是促进社会发展需要的个性素质，是使人的个性更适应社会直接需要的发展、提高、更新的中介加工，是其中最主要的、最基本的桥梁。

其次，职业教育是在基础教育之上与普通（专业）教育相对的一种教育类型，是继续教育、终身教育的主要内容。职业教育的地位是指职业教育在整个教育体系中所处的位置，实际是国家教育事业和现代教育的重要组成部分。《中华人民共和国宪法》规定："国家举办各种学校，普及初等义务教育，发展中等教育、职业教育和高等教育，并且发展学前教育。"《中华人民共和国职业教育法》规定："职业学校教育分为初等、中等、高等职业学校教育。" 1994 年 7 月，国务院颁布的《关于〈中国教育改革和发展纲要〉的实施意见》中指出："有计划地实行小学后、初中后、高中后三级分流，大力发展职业教育，逐步形成初等、中等、高等职业教育和普通教育共同发展、相互衔接、比例合理的教育系列。"这一文件明确地将职业教育与普通教育视为不同类型的教育。其主要内容体现在以下三个方面：其一，职业教育是在基础教育基础上的教育；其二，职业教育是相对于普通教育而言的，是按社会分工、岗位分类来培养人才；其三，在社会需求和人的总体发展中，职业教育更具终身性和广泛性。因此，职业教育在整体教育中具有十分重要的地位。

最后，作为与经济社会联系最为紧密的教育，职业教育在社会发展中具有优先地位。具体原因如下：

一是职业教育直接为经济社会培养生产、服务、技术和管理第一线的应用型人才。在澳大利亚的职业教育和培训中，学生完成学业的标志是获得职业资格证书。在中国，《面向 21 世纪深化职业教育教学改革的原则意见》明确规定："职业教育要培养与 21 世纪我国社会主义现代化建设要求相适应的，具备综合职业能力和全面素质的，直接在生产、服务、技术和管理第一线工作的应用型人才。"

二是经济社会对职业教育人才的需求量很大。《关于教育体制改革的决定》中指出："社会主义现代化建设不但需要高级科学技术专家，而且迫切需要千百万受过良好职业教育的中、初级技术人员、管理人员、技工和其他受过良好职业培训的城乡劳动者。"

三是职业教育具有转化现实生产力的功能，是先进的科技、设备和人力资源转化为现实生产力的直接桥梁。《国务院关于大力发展职业教育的决定》中明确指出："职业教育的规模和水平影响着产品质量、经济效益和发展速度。"职业教育是工业化和生产社会化、现代化的重要支柱。因此，职业教育在经济社会发展中应该优先发展，适当超前。

职业教育的优先地位是指职业教育在经济社会发展中的位置。教育的基础性、导向性、重要性及效益的滞后性决定着教育事业应该优先发展，适当超前。超前的幅度，随不同类型的教育而异。政府统筹规划经济建设和社会发展时，要把职业教育摆到比较重要的位置上，既要从经费、人力、物力上落实，又要从政策上落实，做到"先培训，后就业""先培训，后上岗"，发展新行业、建设新产业时，应当职业教育先行。

二、职业教育的特征

（一）职业性

职业性是指职业教育培养生产、服务、技术和管理所需要的高素质劳动者和技术、技能性人才，具有以职业为导向、为就业服务的特点。

职业性是职业教育的基础，是规范职业教育的专业、课程和评价的标准。正如杜威所讲："一种职业也必须是信息和观念的组织原则，是知识和智力发展的组织原则，职业给我们一个轴心，它把大量变化多样的细节贯穿起来，它使种种经验、事实和信息的细目彼此井井有条。"

职业教育是现代职业培养生产、服务、技术和管理所需要的具有综合职业能力的应用型人才的实践活动。职业教育以学生能够就业，并能使学生在未来的职业实践中得到发展为主要目标，教学内容以就业岗位需要为导向，教学环境强调与真实的环境相同或相似。

职业性并不排斥文化修养、人文道德，而是将人力、知识、技术、技艺、工作的任务与过程，以及行动、道德、价值、精神等融为一体。同时，职业教育重视培养学生良好的职业道德、职业意识、职业纪律、职业习惯，以及忠于职守的敬业精神，其教学计划、教学过程、教学方法、教学组织、生产实习和教学实习等都与社会职业需要，与学生的职业活动、文化修养紧密联系。

（二）技术性

技术通过职业教育内化到劳动者身上，才能转化为现实生产力，发挥出它的作用。技术的演变会影响职业教育发展的结构、层次、规模、课程和方法等。技术结构及产业结构的变化推动职业教育结构的演变，技术革命引发的社会生产方式的变革决定职业教育思想的产生和发展，技术革命导致职业教育技术制度的变革。

技术可分为经验型技术、实体型技术和知识型技术，它们都是职业教育课程的主要内容。而且，职业教育的教学过程也充分体现了技术的属性、技术传授的规律和要求。技术的学习需要重复进行，重复时不排斥创新，其同样有价值。

技术的进步推动职业教育办学模式和人才培养模式的改革。对此，职业院校应该随着技术的不断进步，通过产教结合、工学结合的基本途径，促进学习者对新技术和新工艺的掌握，提高其就业能力。

（三）社会性

世界各国的职业教育各具特色，但凡成功的模式，都与本国社会实际紧密结合。社会环境适宜职业教育的发展，职业教育就能有效地促进经济社会发展。服务社会是职业教育的宗旨。职业教育不可能脱离社会环境，因为它与社会劳动就业有着直接联系，而劳动就业又是高度综合性的社会工程，涉及国家和地域的资源、人口、经济、政治、科学、文化、社会习俗观念、有关制度措施等各方面，这些都牵动着职业教育的办学。[①] 另外，职业教育中联合办学、定向培养、委托培养等办学方式，也使职业院校必然受社会多方制约。

职业教育又是一种社会需求制约型的教育，其培养目标、发展规模、结构形式，既受社会需求的推动，又受社会需求的约束。在不同的历史时期，随着社会需求的变化，必然会引发职业教育的发展与变革。

职业教育对社会环境的高度依存性，要求其办学必须是开放的、灵活的，职业教育想办好需要吸纳全社会的力量。除在培养目标的确定、专业的设置、教学内容和教学方式的选择等方面要紧贴社会实际需要之外，在教

---

① 周庆礼.面向高等职业教育的创客教育内涵与特征研究 [J].江苏高教，2021（5）：110-113.

学、课程、评价和管理等实施过程中，也需要该行业企业的参与和支持，必须广泛吸纳社会力量，将生产劳动和社会实践紧密结合，走工学结合之路，实行灵活多样的人才培养模式，这样，职业教育的培养目标才能实现。同时，学生的就业也需要社会力量的介入。

（四）大众性

职业教育的大众性有两层含义，即职业教育的人民性和职业教育是面向大众的教育。因此，职业教育必须遵循"有教无类"的原则，代表人民群众的教育利益，最大限度地满足广大人民的需要，以服务人民为宗旨，保证人人享有平等的接受职业教育与培训的机会，使职业指导和职业咨询面向社会所有成员。在当今社会，绝大多数的社会职业都需要经过一定的职业训练并获得职业资格的人来从事，这就决定了每个公民都要接受一定的职业教育。

第三节　职业教育的目的与任务

一、职业教育的目的

（一）职业教育目的的内涵

现代职业教育是适应现代科学技术和生产方式，系统培养生产、服务、技术和管理一线技术技能人才的教育类型。社会对职业教育的要求就是对人才规格和质量的要求，即职业教育的目的。

职业教育的目的是根据不同时期社会的政治、经济、文化、科学、技术发展的要求和受教育者身心发展的状况确定的，它反映一定时期社会对受教育者的要求，是职业教育工作的出发点和努力方向，是制订教育规划、编制课程、开展教育活动、评价教育效果的价值尺度和根本依据，是进行教育教学改革，确定未来发展方向的基本指南。

一个国家的职业教育的目的，既是这个国家教育总目的或教育方针在职业教育系统中的具体反映，又是各级各类职业技术院校确定培养目标的依据。

职业教育的目的具有明显的时代性、适应性、前瞻性、相对稳定性和连续性。虽然关于职业教育的教育目的至今没有一个完整而公认的表述，但综观中国各个历史时期对职业教育目的的阐述，可以发现，它应包含以下内容：

第一，全面发展。不同时期、不同层次、不同专业的职业教育目的，无不要求接受职业教育的对象全面发展。

第二，人才类型是技能型和技术型人才。

第三，人才层次是初、中、高级专门人才。目前，职业教育呈现层次高移的趋势，人才层次主要以高级专门人才为主。

第四，工作场合是基层部门、生产一线和工作现场。

第五，工作内容是将成熟的技术和管理规范变为现实的生产和服务。

（二）职业教育目的的结构

职业教育的目的是指国家总体职业教育目的，即国家对职业教育应培养什么样的人的总要求。各种类型的职业技术院校，无论具体培养什么领域和哪个层次的人才，都必须使其培养的对象符合国家提出的总要求。我国现行的职业教育目的是培养一大批有一定科学文化基础和较强综合职业能力的，德、智、体、美等全面发展，在生产、技术、服务、管理等一线工作的各级各类专门人才[①]，如图 2-1 所示。

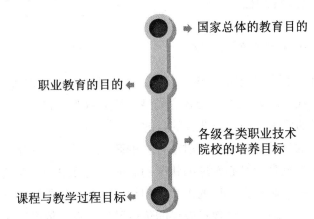

国家总体的教育目的

职业教育的目的

各级各类职业技术院校的培养目标

课程与教学过程目标

图 2-1　职业教育目的的层次结构

1.教育目的

国家对培养人的总要求是对所有受教育者提出的，具有高度的概括性，

---

① 王亮.《职业教育：目的、传统与展望》推介 [J].职教通讯，2019（18）：2.

是整体性说明。不同类型教育的教育目的，在总体教育目的的规范下，各有侧重地为社会培养所需要的人。

2. 培养目标

培养目标是各级各类院校对培养人的要求，是教育目的的具体体现，是针对特定的对象提出的，是根据院校性质对培养人提出的特定要求。

3. 教学目标

教学目标是教育者在教育教学过程中完成某一阶段工作时，希望受教育者达到的要求或产生的变化结果。它是课程和教学过程中的教学目标，是指导、实施、评价教学的基本依据，很具体、易操作、能评估和可改进。

4. 课程目标

课程目标是指导整个课程编制过程的最为关键的准则。教师要想确定课程目标需要做到以下两点：一是要明确课程与教育目的、培养目标之间的衔接关系，以确保这些要求在课程中得到体现；二是要对学生的特点、社会的需求和学科发展等各方面进行研究，从此确定课程目标，而教学目标是进一步具体化的课程目标。

（三）职业教育的培养目标

职业教育的培养目标主要体现在以下三个层面。

1. 职业知识素质

职业知识素质主要包括个体的职业基础、职业资格、职业适应和职业发展等。职业知识素质是职业教育培养目标构成的核心层次，其核心部分为职业资格，因为这是以国家强制力作为后盾的一种职业标准，体现的是国家的意志。职业资格由应知、应会两部分组成，应知是指从事某种职业必须掌握的专业知识；应会则是在应知基础上必须掌握的操作技能。学生通过了相应等级的资格考试，即可获得相应等级的资格证书。但是，这种职业资格标准往往有一定的局限性，主要体现在以下三个方面：第一，标准的制订和更新有时间周期，这就容易滞后于新技术、新工艺的出现与发展；第二，作为标准，比较抽象，虽能高度概括，但不能涵盖某一职业必备素质的各个方面；第三，标准的执行受制于考核的指导思想、程序方法及具体内容，其信度、效度与标准执行应有的信度、效度之间存在一定的差距。因此，如果职业教育紧紧围绕职业资格来进行，就会演变为一种新的"应试教育"，培养的是拥有"一技之长"的工匠。所以，职业资格教育应有自己的平台和发展空间，平台就是职业基础，就是获取职业资格应当具备的专业基础理论，发展空间就是职业适应和职业发展，就是一定的职业资格对一定的职业活动的适应能力和一定岗位职业活动的自我提高与不同职业岗位之间的转换能力。

2. 职业能力素质

职业能力素质主要包括个体的认知能力、操作技能、技术分析和学习潜力。职业能力素质既是个体职业发展的平台，又是职业素质的综合表现。操作技能是职业能力素质的核心。操作技能是指将认知所得成熟的工艺技术转变为实际职业活动并获得预期工作结果的能力。操作技能分为动作技能和心智技能两种：以肢体活动技术为主的技能主要是动作技能，如厨师、钳工、计算机录入员等所需要的操作技能；以推理判断技术为主的技能是心智技能，如营销员、维修工、会计员等所需要的操作技能。所以，操作技能实际上是与职业资格密切相关的特殊能力。认知能力是一般能力，是学习与发展的基础，认知能力强，不但操作技能较易习得，而且操作技能中蕴含的技术成分也会较多，职业活动中就会呈现较高的技术分析水平，从而使个体继续学习的潜力增大，职业发展的空间也随之被拓宽。例如，很多专业需要受教育者具有较强的体能素质，所以受教育者个体必须结合该专业面向的职业岗位（群）对从业者体能方面的实际要求有选择地进行锻炼。

3. 职业心理素质

职业心理素质是指个体顺利完成其所从事的特定职业所必须具备的心理品质，具体维度如下。

（1）职业动机。职业动机主要是指个体从事职业的内在动力与兴趣。人们往往选择满足自己需要和感兴趣的职业，以实现职业岗位与自己职业需求的匹配。但由于受社会就业供求情况等因素的制约，职业需要有时也会与职业实践产生一定的冲突，进而影响人的职业心理。因此，职业教育应培养学生对专业的兴趣与热爱之情，并使之内化为从事该职业的动力。

（2）职业道德感。职业道德感主要是指个体对职业道德标准的认识和体验，包括职业的荣誉感、幸福感、义务感和责任感等。职业道德义务感和责任感是一个人职业道德倾向的核心。职业院校的每个专业都是与具体的职业、工种相对应的，虽然其职业道德规范不尽相同，但其实质都是调节职业生活中人与人之间的关系、判断是非与善恶的准绳，是社会公德在行业生活中的具体化。因此，职业教育在人才培养过程中应根据各行业、岗位的实际特点，进行与行业相应的职业道德规范教育，使学生在将来的职业生活中能自觉规范自己的行为，实现职业发展。

（3）职业效能感。道德效能感主要是指个体对自己能否适应某种职业的自我评价，包括学习专业理论与实践过程中的感受、经验，以及对以后学习过程中可能遇到困难的估计和迎接挑战的信心。要想使学生对所从事的职业抱有积极的态度和树立正确的价值观，认识自己将来所从事职业的社会意义，正确对待可能遇到的困难、挫折，就需要在平时的学习中培养学生抗挫折的能力，使其做到能较好地克服心理障碍及各种可能的干扰，锐意进取，勇于开拓。

（4）职业价值观。职业价值观是个体价值观在职业选择上的体现，是个人希望从事某种职业的态度倾向，也是个人对某种职业的希望、愿望和向往。任何人在进行职业选择时，都会对自己将要从事职业的价值进行判断，对可能取得的成就和社会回报的满意程度进行估计。在职业心理素质教育与培养的过程中，要注意引导学生对将要从事的职业进行恰当的评价，正确看待职业的社会地位、职业的待遇、职业的苦乐。

二、职业教育的任务

（一）人才培养——职业教育的基本任务

2015 年，联合国教科文组织在成立 70 周年之际发布了《教育 2030 行动框架》和《反思教育：向"全球共同利益"的理念转变？》两份重量级的教育报告，提出了新的教育价值定位，即教育是全人类的共同核心利益，是实现全球可持续发展的关键，这超越了个体或国家的思考范畴，上升到全球和整个人类社会未来发展的高度。北京师范大学顾明远教授认为，"这是对教育本质的深刻认识"，必将对世界教育的发展产生重大的影响。

新的教育理念下，我们有必要重新审视职业教育的本质。

此前，我们多以工具理论来解释职业教育的功能和作用，尤其是对经济社会发展的服务方面。从国际视野来看，德国双元制职业教育体系被世界各国推崇和学习，被誉为第二次世界大战后德国经济腾飞的秘密武器。在中国，从中央政府层面出台的《国务院关于加快发展现代职业教育的决定》，到省级政府层面出台的《河南省人民政府关于加快发展现代职业教育的意见》等重要文件，都提出"以服务发展为宗旨，以促进就业为导向"的办学指导思想，把服务经济社会发展提到了很高的位置。在职业教育外部，以校企合作为例，有相当比例的参与校企合作的企业把职业学校作为重要的劳动力市场来看待。在职业教育内部，校企合作、产教融合被定义为职业教育的基本办学模式，提出课程内容与职业标准对接、教学过程与生产过程对接等，其中体现出明显的功利性。

职业教育功能的泛化固然凸显了职业教育的重要性，我们提出"抓职教就是抓经济""抓职教就是抓民生"等口号，提升了职业教育的地位，引起了各级领导的重视，但这些都不是职业教育的本质，只是说明职业教育对政治、经济、文化和就业有很大影响。顾明远说："教育的确离不开政治和经济，并要为它们服务，但教育更是人的权利，只有个体得到发展，才能为政治、经济服务。"可见职业教育不能直接为政治、经济和文化服务，将职业教育与政治、经济、文化联结起来的是职业教育培养的人。

"教育的经济功能无疑是重要的，但我们必须超越单纯的功利主义观点，以及众多国际讨论体现出的人力资本理念。"将人类生存的多个方面融合起来，以应对职业教育所面临的复杂环境，重新审视职业教育的功能和目的，让职业教育更多地回归价值理性，更多地强调价值理性，实现职业教育价值理性和工具理性的合二为一，就是全面优秀人性的塑造和整体生命质量的提升。① 教育不仅关系到学习技能，还涉及尊重生命和人格尊严的价值观，因此我们提出，在新的教育理念下，职业教育的基本任务仍然是培养人。

从教育的本质属性来说，教育是培养人的活动或者过程，职业只是教育的修饰词。作为一种教育活动，职业教育的目的是促进人的职业发展，为人将来从事的职业打基础，职业教育的直接对象是人，是学生。从教育的视角来看，普通教育和职业教育的本质属性是一样的，只是其服务对象不同。普通教育是为上一级学校教育输送人才，其对人进行知识培养、基本素质培养的功能更为显性；职业教育培养的人才可以直接为经济社会发展服务，其服务经济社会的功能比较明显，而培养人的本质的功能比较隐性。从职业教育的培养目标来看，2009 年《教育部关于制定中等职业学校教学计划的原则意见》中提出，中等职业学校要培养具有综合职业能力，在生产、服务一线

---

① 景安磊.构建现代高等职业教育体系的任务路径 [J].中国高等教育，2021（10）：22-24.

工作的高素质劳动者和技能型人才。这也阐明了职业教育的主要任务是培养人。因此，职业教育作为一种教育类型，其第一要务是培养人才，是促进人心智、能力发展的社会活动。

《国家中长期教育改革和发展规划纲要（2010—2020年）》指出，要把育人作为教育工作的根本要求。职业教育培养人的基本任务需要在职业教育的整个教育教学活动中予以落实和实践。既然职业教育的第一要务是培养人，那么我们在教育教学的过程中就要切实把学生作为职业教育的主体，贯穿"一切为了学生，为了学生的一切"的教育思想。在课堂教学中，教师要把"以学生为中心"的宗旨贯穿教学活动中，真正实现职业教育培养人的基本任务。

（二）育人为本——职业教育的根本任务

职业教育坚持立德树人，以育人为本，就是要全面贯彻党的教育方针，遵循职业教育规律和技术技能型人才成长规律，培养德、智、体、美、劳全面发展的社会主义建设者和接班人。2019年2月发布的《中国教育现代化2035》中提出了推进教育现代化的八大基本理念：更加注重以德为先，更加注重全面发展，更加注重面向人人，更加注重终身学习，更加注重因材施教，更加注重知行合一，更加注重融合发展，更加注重共建共享。同时，明确了推进教育现代化的基本原则：坚持党的领导，坚持中国特色，坚持优先发展，坚持服务人民，坚持改革创新，坚持依法治教，坚持统筹推进。

立德树人，重在"全面发展"，使技术技能人才重点具备以下三个方面的素质：一是体现社会主义核心价值观要求的思想道德；二是以支撑职业生涯发展为重点的知识技能；三是以提升生活品质和审美情趣为重点的人文素养。立德树人，重在"人人成才"，把每个受教育者培育成有用之才。立德树人，重在"尽展其才"，以岗位职责要求为基础，以品德、能力和业绩为导向，以注重实践和贡献为评价机制，提升技术技能劳动者的职业尊严感，提供"人人尽展其才"的广阔舞台。

（三）课程改革——职业教育的主要任务

课程改革是职业教育改革的重点和难点，也是决定职业教育能否取得成功的关键。

21世纪，全世界都在发生改变，如人类社会从工业社会迈向信息社会，经济形态也由工业经济转向知识经济。在信息社会、知识经济时代，以信息服务业为主体，以知识的生产、分配和应用为基础，人的智力作用在生产中占主导地位，知识成为生产的核心资源。知识、技能和人力资源对世界经济的影响越来越重要。社会职业岗位对从业人员素质要求的提升，使产业大军接受教育的程度提升，职业结构重心开始高移，技术应用性人才成为信息社会人力资源结构的主体。

随着社会经济的发展，对技术应用型人才的需求也将大大增加，因此应大力推动职业教育的大众化进程，通过对原有课程结构的改革和创新，积极发展职业教育，培养大量的技术应用型人才。对此，可从以下四个方面入手。

第一，建设一个可供实施高等职业教育的教学平台。在发展职业教育的学校中，既有原来的高等专科学校、职业大学，又有普通高校的二级学院。他们以各自的教学环境为起点，按照职业教育的特征，建设一个新的教学平台，其内容如下：

一是建设一个可以运用现代教育技术进行教学的教学环境；

二是建设一个适应现代高等职业教育实践的教学环境；

三是营造一个产学结合的教育教学氛围；

四是积极进行教学管理的改革和建设；

五是推进教材建设；

六是把教师队伍建设作为发展高等职业教育的重中之重。

第二，以教学平台建设为支撑进行以专业设置和课程模式改革为重点的高等职业教育教学改革，其主要内容体现在以下两个方面。其一，在专业设置方面，已经涌现出一大批针对支柱产业、新兴产业的生产、建设、服务第一线的技术或职业岗位（群）设置的新型高职专业，基本改变了按传统学科设置专业的局面。其二，在课程模式改革方面，多年来，职业教育中多采用"学科范型"为主的课程模式设计教学方案，在大学专科教育中基本上也运用这一模式，造成专科层次人才培养定位不清、规格与职业需求不符的情况。因此，无论是发展高等职业教育，还是改革专科教育，都力求突破这种以学科教育为基础的课程模式。

第三，开始研究和制订适应高等职业教育的质量评价标准，包括学校评价标准、各种教学评价标准、课程评价标准、学生评价标准等。由于标准必须在一定的理论和实践基础上制订，而且高等职业教育的质量标准需要教育部门和劳动部门、学校，以及行业、企业共同制订，因此这方面的工作刚刚起步，还处于前期研究阶段。

第四，在积极发展职业教育的同时，大力开展职业教育的研究。近十年来，在以往职业教育研究的基础上，对职业教育的研究取得了积极的进展和丰硕的成果。研究内容主要集中在发展职业教育的历史背景、现实动因，职业教育的基本特征、培养目标、人才规格，职业教育的国际比较研究、引进国外典型职业教育课程模式等方面。随着职业教育改革的深化，有关课程的理论与实践研究已经成为当前职业教育教学研究的主题。

第四节　职业教育的理念与追求

一、现代化的理念与追求

随着国民经济的蓬勃发展，中国的职业教育有了飞速发展，但无论是规模和结构，还是质量与效益，都存在着诸多问题。究其原因，主要是中国职业教育仍没有充分实现由传统的职业教育向现代职业教育的转变，教育观念落后，管理体制、办学形式封闭，教育教学内容、手段不能适应人才培养要求。因此，实现职业教育现代化是整个教育系统优化的历史必然。

所谓"职业教育现代化"，指的是要以转变人们的职业教育观念为基础，以完善职业教育体制为根本，以现代化的教育内容及教育手段为中介，建立为国民经济发展培养大批合格的劳动者的社会主义现代职业教育体制。

（一）职业教育观念现代化

职业教育观念的现代化体现在职业教育价值观、人才观、课程观、教学观、师生观等方面。其中，人才培养是其重要的方面。教育的基本职能不再是传统意义上的知识传授，而是要培养学生的创新精神和实践能力。学生不再是被动接受知识的容器，而是要不断地探求、主动地获取知识，具备运用知识的能力。

知识经济时代的来临，催生现代化的社会经济发展模式与生活方式，人类社会的发展呈现出信息化的趋势。传统的"只有考上大学才能成才"的人才观已落后于时代。社会主义现代化建设不仅需要数以千万计的高级专门人才，也需要数以亿计的受过良好职业教育的初、中级的技术人员、管理人员、技术工人及城乡劳动者，因为没有他们的存在，再先进的科学技术和设备也不能转化为现实的生产力。俗话说"三百六十行，行行出状元"，成才的标准应是多层次的。现代化的人应握有三张"通行证"——学术通行证、职业通行证、能力通行证。当然，对不同人才培养的侧重点应有所区别。

从横向理解职业技术教育，可以发现其包括"就业准备""在职提高""转换职业"三种不同类型的职业技术教育。传统的职业教育价值观是重职业定向，本质上讲，这种价值取向旨在"适应现在"。但随着科学技术进步的加速，着眼于未来发展的价值观就显得越来越重要，因此职业教育要着眼于学生"学会认知、学会做事、学会共同生活、学会发展"，培养出更多知识渊博、敢于竞争、勇于创新创业的人才。

（二）职业教育体制现代化

目前，中国的市场经济体制基本形成，市场调节功能大大增强。但职业教育办学体制和运行机制的改革还没能完全与经济转轨相一致。然而，职业教育体制的现代化主要体现在职业教育办学体制和运行机制的现代化。

市场经济的发展，要求办学体制的多元化。要想彻底改变职业教育统筹乏力、条块分割、布局分散、整体效益低的问题，应形成以企业为主，政府、企业、社会和个人共同参与的多元办学体制。有的市县实行"政府统筹、教委主管、部门联办、一校多制、各负其责"的新的办学体制，这就很值得推广。这样可以把本地的专业人才培养（培训）、科学研究、技术推广和生产经营的任务承担起来，变教育部门"独唱"为科教企"大合唱"，使职业教育的办学体制主动适应市场经济的需要。因此，在体制创新方面，需要做到以下三点。其一，要加强政府统筹，促进教育同经济的紧密结合。政府统筹制订职业教育发展规划；统筹构建普、职、成三类别，初、中、高三层次，村、乡、县三等级互相联系、互相沟通的职业教育体系；统筹安排校点布局、专业设置，优化教育资源，加强骨干示范学校的建设，扩大办学规模，提高办学效益；统筹经费、师资、基地，协调生源和毕业生的就业等。其二，要坚持"职业教育大家办、大力发展"的方针，面向市场，打破条块分割、各自为政的局面，实行联合办学和跨地区、跨行业的集团化办学，积极探索校企合作、股份制等多种办学模式，充分调动行业、企业和社会力量开办或者参与开办职业教育学校的积极性。其三，要积极推行学历证书和职业资格证书并重的"双证书"制度，以及"先培训、后上岗"的劳动准入改革。

此外，学历教育和非学历教育要兼办。相关部门应充分利用现有资源开办一些非学历教育机构，满足更多人转岗、转业的非学历学习需要。

职业教育运行机制的现代化的总体要求应是政府宏观管理、社会广泛参与、学校自主办学、市场自动调节。只有这样，教育观念的现代化才有归宿，人才培养的目标才能顺利实现。

（三）职业教育内容现代化

职业教育是直接为经济发展服务的教育类型。根据社会需要确立教育教学内容是职业技术教育主动适应经济建设和社会发展需要的最具体、最重要的体现。职业教育在课程设置、教材编写、教学实施的过程中，必须以培养学生的综合职业能力和全面素质为指导，做到定向性与适应性的统一。也就是说，职业教育课程体系应以职业或职业群需要为依据且要充分考虑跨专业、跨职业的能力培养；促进基础性与应用性的统一，拓宽培养口径；促进科学教育与人文教育的统一，注重工具性的功利主义与理性主义的整合。

总之，职业教育现代化使教育系统成为一个开放的系统。现代化教育需要适应现代科学技术革命的要求，适应现代化大生产的要求，这就要求我们必须用现代化的职业教育理念指导职业教育的具体实践。

二、社会化的理念与追求

职业教育社会化是职业教育成功的重要标志。社会化、社区化是世界许多国家发展职业教育的成功经验，也是中国职业教育的发展趋势。

现代社会的产业结构、技术构成、产品成本构成，以及企业的组织形式等正在发生根本性的变革。职业教育的发展规模、专业设置、教学内容必须与之相适应。例如，北美的社区学院、日本的短期大学等都是直接面向社区生产、管理和服务的第一线，建立职前教育与职后培训相贯通的"一体化"教育体系，以职业知识、技能教育为内容，以能力培养为中心的教育体制，其目的就是实现职业教育的社会化、社区化。

著名的职业教育家黄炎培一贯主张要加强职业教育与社会之间的联系。他认为："离社会无教育"，"职业学校的生命在于社会化"。黄炎培的"社会化"理论可概括为以下六个方面。

第一，办学宗旨社会化——职业平等，无高下贵贱之分。黄炎培在谈到职业教育目的时提出"三个准备"，即为个人谋生之准备、为服务社会之准备、为提高社会生产力之准备。

第二，培养目标社会化——培养熟悉某种专业技术的人。在教学过程中，不能培养种地"不如老农"的书呆子。

第三，学制社会化——职业教育的程度、年限应根据社会需要而定。办职业学校一定要灵活多样，学制僵化就不可能有生命力。

第四，课程设置与教材社会化——职业学校"设什么学科，定什么课程，用什么教材，要问问职业界的意见"。

第五，教学方法社会化——学做结合，手脑并用。在实习中培养学生的专业技能，使学生毕业后即能上岗。

第六，教职人员社会化——办职业学校既要聘请教员，又要聘用富有经验的能工巧匠。在选职校校长时，除了热诚、学力、德行、经验外，还要有社会活动力。可见，无论是办学理念、专业设置、课程设置、培养规格、实践教学，还是职业道德标准的制订及办学点的分布，都应当考虑社会的需要。

当前，由于我国经济发展不平衡、受自然条件等因素的影响，形成了各地区域性经济的特征，这就要求职业教育机构树立服务社区的办学理念，坚持区域规划、区域统筹。

职业教育社区办学较之行业办学、部门办学，对社区职业岗位、人才需求的数量、规格、专业的需求了解得更为细致，更能适应社会实际需求。此外，社会力量在政府的统筹下，也会更多地了解社区内的职业学校，支持和帮助职业学校排忧解难，解决社区职业教育发展中的问题，促进社区职业教育健康发展。

职业教育社会化的另一重要途径是加强产学研合作，为基层服务，为企业服务，推动科教兴市、科教兴县、科教兴农。社区职业教育机构一般都与社区企业、社会经济组织和政府部门有着良好的关系，除为社区提供职业教育及其他服务外，还可以了解企业的生产、经营状况，为企业提供技术支持，帮助企业开发新产品、引进新技术，同企业一起进行科技攻关，从而形成教学、实习、技术服务、就业指导于一体的职业教育社会化网络。

职业教育社会化需要与城市教育综合改革一起进行，以促进教育与经济社会协调发展。教育的协调发展是指普教、职教、成教三教沟通，初、中、高等教育相互衔接，城乡教育整体推进，以社区骨干学校的发展带动职业教育优势群体的形成。对此，政府要强化对教育的统筹工作，着力解决影响职业教育社会化的一些深层次矛盾，以形成良好的环境和条件。全国各地的教育社会化实践证明，城市综合教育改革是现阶段教育社会化的重要体现。

职业教育社会化是农村职业教育实现飞跃的重要手段，对此，要坚持农科教结合。"农科教结合""燎原计划"等各项改革在农村经济发展过程中起到了很大作用。但如果能建立起社会网络化的职业教育体系，有针对性地开展农业生产指导，提高农产品的科技含量，建立现代农业示范区，就可以快速推动农村经济发展。同时，可以针对当地乡镇企业和行业需要，开展对口培训，提高农民的整体素质。

"全民教育"是世界全民教育大会在20世纪90年代初提出的概念，其最终目标是"要满足全体儿童、青年和成年人的基本学习需要"。同全民教育一样，职业教育社会化也有其特定的含义，其主要内容体现在以下四个方面：

第一，保证女童和妇女接受职业技术教育与培训的机会均等；

第二，为失业者和各种弱势群体提供各种技术和职业教育与培训；

第三，对社会所有成员提供职业指导和咨询；

第四，促进弹性入学，以实现终身学习与培训。

全民教育是公民的权利，也是社会发展的前提，对解决人口素质、贫困、环境等社会问题具有重要意义。

通过职业教育社会化，人们可以获得消除贫穷、提高生活质量所必需的基本知识和技能，可以形成与可持续发展相一致的环境意识，可以获得谋生的能力和自我革新的能力，有利于减少青壮年失业的现象。

总之，教育社会化体现在人们对教育的要求越来越受信息社会和劳动力市场左右；社会各界从各自需要出发办教育、参与教育，使教育真正走向社会；教育的社会化不仅体现在地方化上，还体现在国家对教育的宏观设计与管理方面。职业教育社会化可以极大地推动职业教育向前发展。职业教育社会化促进了教育社会网络化程度的提高，加速了人的社会化进程。

三、产业化的理念与追求

（一）职业教育是教育产业化的重要部分

职业教育的职业性、生产性、社会性构成了职业技术教育的基本属性。职业教育与其他类别的教育相比，有很大的不同。因为它可以看成是现代企业的组成部分。学校既是工厂，又是教学单位；既有教学管理，又有生产管理；既有经营管理，又有技术管理；既有技术研究，又有技术服务。职业教育的产业特征十分明显。

教育是进行知识积累、知识传播、知识应用的活动。知识社会的发展是以知识的开发和使用为主体的。职业教育是知识运用的重要途径，它能从现代经济与社会发展的需要出发，面向社会开展科技咨询、技术推广、生产协作等服务。依据技术优势、人才优势及基地优势，可以办成经济实体，以教养教，办好校办企业，为社会增加财富，将"消耗性实习"转化为"生产性实习"，也可以产生经济效益。

教育是通过专门的训练活动，在传授科学文化知识的基础上，培养社会劳动力的。人的劳动能力是实现劳动价值的基础，在现代社会，如果劳动者不具备与大生产相适应的劳动技能，现代社会生产运行就无从谈起。职业教育的基本任务是培养和输送各种专业人才，使人的劳动能力的使用价值得以体现，从而为经济发展服务。从教育投资角度来看，国家投资义务教育是由国家的利益及人的基本权利决定的，它保证的是每个公民的基本素质。但是，经济发展的程度不同对劳动力的要求也是不同的。职业教育恰恰能满足这一需要，不仅能满足人们的择业与从业要求，还可以获得现实性的劳动报酬。

职业教育为受教育者传授了专业知识，培养了劳动技能，使其符合劳动力市场条件，个人价值得以实现。由此可见，职业教育的发展是符合社会需要的，按社会需要办学符合市场运行的规律，因而在社会主义市场经济条件下，职业教育可按产业化、市场化运作，这是社会经济发展的必然趋势。

职业教育市场化有利于职业教育合理地利用市场规律，优化教育资源，使职业教育的办学效益得到充分提高。在办学体制方面，多鼓励企业和其他社会力量办学，使人才培养符合企业需要。在管理体制方面，政府要从宏观角度开展工作，制定适宜的政策，简政放权，扩大法人的办学自主权。学校在考虑专业设置时，应从人才市场需求入手，科学设置，并且要认识到社会需求总量及市场的有效需求。

从某种程度上讲，一个国家的职业教育市场化程度会对该国人力资本结构产生积极影响，所以重视职业教育和重视人力资源开发是分不开的，发达国家先进的职业教育运行机制及对国家经济增长的贡献充分地说明了这一观点。

（二）职业教育产业化的具体思路

在我国经济结构日趋多元化的今天，为了促使职业教育适应社会主义市场经济的需求，形成职业教育与经济发展的良性互动，充分发挥市场机制在教育资源配置中的基础性作用，就必须实行职业教育产业化。

1. 多主体办学

职业教育办学体制的创新和运行机制的转型是我国经济体制改革提出的必然要求，也是职业教育产业化市场的孕育和完善所呈现的阶段性特征。针对经济结构多元化的趋势，国有经济实现形式多样化与股份制、股份合作制等混合经济、个体私营经济、外资经济等非公有制经济长期并存、共同发展，职业教育体制和办学形式也应实现多元化，形成以政府办学为主体、民间办学为辅助、多种合作为补充，共同参与投资和管理、共同获利的多主体办学格局，以调动一切可以调动的社会力量和社会资源，培育产业化的职业教育市场。

2. 以市场为导向，建立灵活的职业教育运行机制

职业教育的发展，必须以市场为导向，依托生源市场、劳动力市场、信息市场、技术市场、产品市场这些有形市场和无形市场，用市场经济理论分析、掌握生源动态规律，把握职业教育现时和潜在的需求，通过市场信息及社会发展需求来设置专业和办学规模，改革办学模式，调整课程设置和教学内容，为社会提供高质量的职业教育产品，从而增强职业教育在市场中的作用。

3. 实行产业化经营

职业教育市场是一个由人才、技术、师资、生源、资金等要素组成的动态系统。该系统的运行过程必须讲求成本，提高资源利用率和资本运营效率。因此，无论是专业设置还是师资流通，都要把社会需求和效益置于首位，减少系统资源浪费，使职业教育资源合理配置。

4. 办好校办产业

校办企业是职业学校进行技能训练和科研活动的基地。作为科研实验和成果生产的场所，可以看作是学校独立的经济实体为学校发展注入经济活力，因而应由专人负责，办出效益来。另外，校办企业一定要遵守国家的法律法规，明确自身的经济结构及运行机制，独立核算成本，形成发展优势。

第三章 终身教育理念下职业教育体系构建的人才培养

第一节 职业教育人才培养的目标和特征

一、职业教育人才培养的目标

(一) 德国职业教育人才培养的目标

众所周知，德国的技术人才在世界范围内具有很高的知名度。第二次世界大战结束后，德国迅速崛起的重要原因在于其完善的高等职业教育体系为社会经济的恢复与发展培养了一大批高素质技术型人才。作为德国高等职业教育的重要组成部分，应用科学类大学独具特色的人才培养目标已在世界范围内显示出极强的竞争力，并为德国的经济发展做出了重大贡献。

1. 德国职业教育人才培养目标转型的背景

20 世纪 70 年代初，德国经济迅速恢复、工业化进程加速，德国崛起的步伐加快，德国社会迫切需要大量具有较强实践能力、应用能力，并能将技术理论转化为现实生产力的应用型人才，而当时限定在专科层次的高级专业学校和工程师学院所培养的人才无法满足经济发展的需要。另外，随着人民生活水平的不断提高，接受高等教育已成为个人获取较高社会地位和经济收益的重要途径，越来越多的人期望能够进入大学深造。

与此同时，由于高级技术应用型人才的短缺，德国在国际上的地位和影响力逐渐下降，由此引起企业界对传统大学教育的不满，他们纷纷将原因归咎于传统大学培养的学术型人才不能满足企业发展的需要，并认为德国教育界应对教育体制进行改革并适时发展高层次的职业教育。企业界对传统教育的非议引起了社会各界对职业教育的关注，导致教育界和企业界对如何发展职业教育展开了讨论。1968 年，联邦德国通过《联邦共和国各州统一专科学校协定》，把当时部分办学条件较好的技师学校及经济类、设计类等高等专科学校合并，组建了应用科学大学。自应用科学大学建成以来，德国社会各界始终认为其是一种不可替代的学校类型，是职业教育的重要组成部分。在几十年的发展过程中，德国应用科学大学始终从社会经济发展及企业对人才的实际需要来定位人才培养目标，着重培养能够进行实际操作的高级技术人才，其所培养的人才多数成为企业的技术骨干或管理人员，被德国经济界和工商管理界称为"桥梁式的职业人才"。

2. 德国职业教育人才培养目标的素质要求

（1）实践能力。为培养适应经济发展、产业转型升级所需要的人才，德国应用科学大学在人才培养的目标定位上大多强调培养学生的实践能力。为凸显对学生实践能力的培养，德国应用科学大学纷纷走出"象牙塔"，将理论知识的学习与实践训练有机结合起来。在教学方面，应用科学大学将实践性教学放在十分重要的位置，并提高其在整个教学环节中的比例。有关数据显示，德国应用科学大学的实践教学环节占整个教学环节的 30%。除此之外，应用科学大学还要求学生到学校的实训基地或企业生产一线进行为期 3 个月的专业实习，掌握从事实际工作必备的技术，这样有利于提高学生的实践能力。

（2）应用研究能力和技术开发能力。应用科学大学在人才培养过程中要求学生完成科研与技术开发项目，并将科研、技术成果应用于生产，强调学生应具备应用研究和技术开发能力。为此，应用科学大学纷纷成立技术转让中心，积极探索并推动产学研合作。同时，在人才培养过程中，应用科学大学为保证教师对学生实践活动指导的效果，规定将教师的应用研究能力、技术开发能力及申请的专利技术纳入职称评定的范畴。另外，从 20 世纪 90 年代开始，德国联邦教育及研究部制定了一项专门针对应用科学大学学生的资助计划，对他们进行的应用技术的研究与开发每年给予一定的资助经费，以此促进应用研究能力和技术开发能力的培养。

3. 德国职业教育实现人才培养目标的措施

（1）构建以实践教学为主体的教学体系。为提升高级技术型人才培养的质量，应用科学大学构建了一套完整的实践教学体系。这套体系设置了诸如实验教学、实践学期、项目教学等丰富的实践教学形式，其中的项目教学通过与企业的生产活动紧密结合，能够有效地提高学生的实践能力和应用能力，因而受到应用科学大学师生的普遍关注和欢迎。例如，凯泽斯劳滕应用技术大学构建了包括实验、实习、研讨等多种形式在内的实践教学体系，在课时上充分保证了实践教学的时间。同时，依据1996年德国科学委员会通过的决议，企业是应用科学大学实践教学的重要场所，离开企业的环境难以培养应用型人才，企业在整个人才培养过程中具有重要作用。因此，在实际教学过程中，应用科学大学或模拟或实际地设置与企业所需技术项目相关的教学内容，或在教学过程中组织学生积极参与企业的技术科研项目等，进而丰富实践教学形式，保证高级技术人才培养目标的实现。

（2）建设有丰富实践经验的师资队伍。应用科学大学为保证技术应用型人才培养的质量，十分重视教师队伍的实践经验。依据德国《高等学校总纲法》及其他相关法律的规定，应用科学大学的教授除了具备较高的理论知识素养外，还必须具有至少5年以上的技术开发或应用方面的职业实践经验，这些规定从整体上保证了教师队伍的素质。例如，汉诺威应用科学大学的正式教职工有390人，其中122人具有博士、硕士学位并具备丰富的工作经历和实践经验，还有一批兼职教师队伍，他们大部分是企业界具有较强应用能力和实践能力的技术骨干或管理人员。由此可见，具备一支实践经验丰富的师资队伍是应用科学大学保证人才培养目标实现的重要举措。

（二）中国职业教育人才培养的目标

1. 中国职业教育人才培养目标的变迁

（1）孕育起步阶段。20世纪80年代初，江汉大学、无锡市职工大学、金陵职业大学等13所短期职业大学诞生，为解决改革开放以后人才短缺的问题发挥了一定的作用，这些高等职业院校开创了中国高等职业教育发展的先河。1984年，教育部在《关于高等工程教育层次、规格和学习年限调整改革问题的几点意见》中指出，高等职业教育的人才培养目标是"德智体全面发展、具有社会主义觉悟的高级工程技术应用人才"，这代表国家层面开始认识到高职教育人才培养目标定位问题的重要性。1987年，《国家教育委员会关于改革和发展成人教育的决定》提出了"高等职业技术教育"的概念，认为其办学主体应该是"职工大学、职工业余大学、管理干部学院"，培养目标是"为企业、事业单位培养生产、经营管理方面的专业技术人才"。

（2）探索调整阶段。由于缺乏内外部条件的有力支撑和对高等职业教育发展标准的规范，20世纪80年代中后期到90年代初，职业大学过度转向、盲目升格的现象突出。1990年11月召开的"全国普通高等专科教育工作座谈会"谈到了当时的现象："现有大多数短期职业大学在服务对象、专业设置、培养目标、培养模式、毕业生去向等方面与普通高等专科学校区别甚微。"1991年10月颁布的《国务院关于大力发展职业技术教育的决定》提出，要"积极推进现有职业大学的改革，努力办好一批培养技艺性较强的高级操作人员的高等职业学校"。

（3）快速发展阶段。进入20世纪90年代中期以后，结构失衡问题取代规模不足问题成为中国高等教育改革与发展的难点和重点。国家对高等职业教育日益重视，相继出台了一系列的文件和政策。1995年8月，国家教育委员会在北京召开"全国性高等职业技术教育研讨会"，会议将高等职业院校的人才培养对象阐述为"在生产服务第一线工作的高层次实用人才"，或称"高级职业技术人才"。同年10月，国家教育委员会发布《关于推动职业大学改革与建设的几点意见》，文件认为职业大学培养的是"高级（部分中级）实用技术、管理人才"，从而服务于"地方经济建设和社会发展"。20世纪90年代末，针对"三农"问题和城乡统筹带来的新变化，国家提出高等职业教育应着力"培养一大批具有必要的理论知识和较强实践能力的生产、建设、管理、服务第一线和农村继续人才"。这些使20世纪90年代中后期的高职教育蓬勃发展。

2. 中国职业教育人才培养目标的现状

（1）基本满足了社会经济发展需求。2018年，全国有职业院校1.17万所，年招生928.24万人，在校生2685.54万人。由此可见，职业教育已经具备了大规模培养技术技能人才的能力，并为国家经济发展提供了不可或缺的人力资源支撑。统计数据显示：全国共有中职院校约10300所，高职（专科）院校1418所；中职院校毕业生就业率连续10年保持在95%以上，高职院校毕业生半年后就业率超过90%；在现代制造业、新兴产业中，新增从业人员70%以上来自职业院校。为推进产教融合、校企合作，全国组建了56个行业职业教育指导委员会，1400个职教集团，30000多家企业参与职业教育，基本形成产教协同发展和校企共同育人的格局。同济数据显示，高职院校毕业生受到社会、企业的青睐，充分表明职业院校的培养目标能够满足经济发展的需要。

（2）职业院校人才培养目标需要调整与完善。职业院校制订的人才培养目标都提出了关于创新能力的培养，因为调查数据显示，职业院校毕业生的创新能力薄弱。对此，应以两方面入手进行调整与完善：一方面，调整人才培养目标，更新人才培养模式，在培养大批合格人才的同时，注重培养职业院校毕业生的创新能力；另一方面，由于国家对职业教育人才培养目标的粗放性，导致各职业院校人才培养目标表述不一，需要重新确定职业院校的人才培养目标，可借鉴国外成功经验，制订出适合本校、本地区，乃至中国职业院校的人才培养目标体系，为职业教育的发展提供新思路。

3. 中国职业教育人才培养目标的定位

（1）满足企业的需求。根据教育部的指导意见，职业院校需要面向生产培养具有良好职业道德的技能型人才。人才作为一种比较特殊的经济资源，是生产过程中的能动要素。作为企业，最需要的就是人才（员工）。根据企业所需人才（员工）的层次结构，可以将企业需要的人才划分为经验型、技能型和智慧型三类，这三类人才在企业的发展过程中起着不可替代的作用。

经验型人才，一般是指从行业底层做起，通过亲身经历，从多次实践中得到知识或技能，有丰富的行业经验的员工。他们通常依靠多年积累的经验来指导工作，因此应变能力和创造能力相对欠缺。但他们的经验能够完成许多工作，为企业带来良好的经济效益。

技能型人才，一般是指生产、运输和服务等一线的从业人员中掌握专门的知识和技术，具备精湛的操作技能，并在工作实践中运用自己的技术和能力解决关键技术和工艺的操作性难题的员工。他们的全面性不够，缺乏对市场、品牌、消费行为的认知。但随着科学技术的飞速发展，对技能性人才的要求也越来越高。

智慧型人才，一般是指那些不仅在专业领域有突出的经验，还具有较高相关技能的员工。他们对市场具有敏锐的洞察力、能够审时度势和操控全局、具备创新精神和创新能力，以及良好的团队协调能力，因而属于高素质人才。

（2）满足社会的需求。中国现阶段处在跨越式发展时期，已经明确了推进职业教育人才培养模式转型的改革要求，确立了应用型人才培养在职业教育中的地位，职业院校与广大企业和社会各界联系密切，从而实现职业教育的大众化，推动了国家的教育公平，乃至整个社会的和谐发展。

随着经济的发展，社会对各类人才的要求也不断提高，从单纯注重学历到现在的能力与学历并重，乃至对职业道德素质的高度重视，人才培养的要求也在不断变化，终身学习成为符合时代、社会及个人的普遍需求，"自主学习"成为人们在现代社会竞争中的制胜法宝。

（3）满足学生的需求。目的通常是指行为主体根据自身的需要，想要达到的境地，或者是想要得到的结果。人的实践活动以目的为依据，目的贯穿实践过程的始终。那么，高职生读高职院校的目的是什么？学生读职业院校的主要目的在于学习技能和就业。但其背后还隐藏着更为关键的目的，那就是为了获得更好的发展机会。作为职业院校，学生的利益应作为定位人才培养目标的依据之一，并在制订的人才培养方案中有所体现，促使学生掌握相应的科学文化知识和专业知识，培养出适应社会需求、满足企业要求的合格毕业生。

二、职业教育人才培养的特征

（一）国外职业教育人才培养的特征

1. 以社会需求为宗旨

第二次世界大战后，发达国家完成了经济恢复，在新技术革命的推动下，在企业现代管理制度的激励下，尤其是制造业向技术密集型产业的转变，使生产一线急需一大批较高水平的技能型、技术型实用人才及管理人才。企业对应用型人才的需求迫切，并希望在较短期限内速成就业，而衍生出职业教育的发展大势，一批重视实践教学、突出岗位能力培养的职业学校纷纷成立。

2. 以产学合作为机制

国外职业教育模式都是以学校和企业（行业）共同培养为基础，建立起"双向参与、双向互动"的运作机制。在德国，"双元制"是与企业合作开展实践教学，开设企业所需要的专业技能课程；"渗透型"是和可能提供相应的实训场所和报酬的企业签订合同，确定学生的劳动任务、职责、时间等；"工读交替型"是学生先做企业员工，后进学校学习。在日本，则是企业直接办学培养所需要的高技能人才。

3. 以实践教学和职业能力培养为重点

在发达国家的职业教育中，实践教学都占了较大的比重，注重课程的职业功能性。例如，英国的多科性技术学院普遍开设工读交替的"三明治"课程。

4. 以政府立法为保障

美国政府在 1982 年制定了《职业训练合作法》后，1988 年又颁布了《美国经济竞争力强化教育训练法》。1990 年的《卡尔·D.帕金斯职业和应用技术教育法案》还明确规定了职业教育训练实施的具体标准和评价方法等，使社区学院与当地企业建立了协作关系，实行合作教育。德国在 20 世纪 60 年代推出了《职业教育法》《职业促进法》《实践训练师资格条例》《青年劳动法》等一系列法规，明确了企业承担实践教学和配备合格的实践训练师等责任。

5. 以社会监督为手段，保证人才培养质量

发达国家一般采取社会参与评价的方式监督人才培养质量。例如，德国由企业、学校、工会和行业代表共同进行评价，美国由工程技术评估委员会制订评估标准，加拿大由合作教育协会制订评估标准，澳大利亚和英国由行业协会制订评估标准。发达国家的专业协会或专业团体已承担起职业教育质量评价的主要责任，形成了学校对教学质量负责，企业和社会专业团体等提供专业指导和知识更新，相互促进和约束的人才培养质量评价机制。

（二）国内职业教育人才培养的特征

1. 具有国际意识

中国加入世界贸易组织后，外国企业大量进入中国，从降低劳动力成本的角度考量，会大量雇用本地人员。外国公司在我国雇用的人才群体主要有三大类：一是工程设计人才，其数量很少；二是从事实际操作的技能型人才，他们在国际市场上的流动性有限；三是技术应用型人才，他们从事市场调查与公关、客户反馈、技术与管理、产品营销、合同执行、供应管理、财务管理、技术服务等技术和管理岗位的工作，在国际劳动力市场上面广量大，流动性也很强，是全球化背景下争夺的主要对象。

因此，职业教育要培养具有国际交流能力的高级技术人才。现在，接收职业教育学生比例较高的是"三资企业"，随着时间的推移，这一趋势更加

明显。如果学生缺乏国际交流能力，必然会影响他们未来的发展。进口生产线上的控制软件用的都是英语，毕业生要具备大学英语四级、全国计算机二级水平才能胜任。因此，学生的外语能力是用人单位比较看重的。当然，要想具有国际意识，仅凭外语能力是远远不够的，还应具有良好的国际交流能力。

2. 具有创新能力和信息能力

职业教育的人才培养目标是培养生产、建设、服务和管理第一线需要的技术应用型创新人才，其中的创新是生产建设中的创新、产业服务中的创新和生产一线管理工作中的创新，不是要求高新技术产业化及其知识和技术的创新。21 世纪将为信息的流通、储存和传播带来前所未有的手段。一方面，要求教育应传授越来越多与之相适应的新知识和新技能；另一方面，希望教育在此基础上把握判断事物的标准，防止人们被大量的信息、知识搞得晕头转向，"既应提供一个复杂的、不断变动的世界地图，又应提供有助于在这个世界上航行的指南针"。教育要为迎接知识经济和科技革命做好准备，其中重要的一点是着重培养受教育者的创新精神和创新能力，为创建国家的创新体系提供人才和智力的支持，促进知识的传播和应用，加快科技成果的转化。另外，知识对发展的作用不仅表现在创新上，还表现在传播和应用上。创新能力和信息能力（包括信息获取、信息分析与信息加工能力）是信息社会人才必须具备的两种重要的能力素质。

科技发展突飞猛进，知识社会初见端倪，是 20 世纪 90 年代以来世界范围内发生的深刻变化，也是当今时代的特征。科技发展带来的是一场新的工业革命，即人类历史上第四次工业革命，其正在深刻地改变我们的生产方式和生活方式。信息技术对人类的影响是全方位的，引发了生产、生活各个领域的革命性变化。因此，高等职业教育培养的学生应具有以下能力。

第一，具有掌握和使用计算机网络的基本知识和能力。21 世纪不懂得计算机和互联网的人，就是功能性文盲，无法适应 21 世纪的社会生活。

第二，具有分析、处理、创造信息的能力，具有以最少的时间吸收最有价值信息的能力。在信息化时代面对的是海量的知识，而且知识更新的速度大大加快。由于人的时间是有限的，因此必须以最少的时间去获得最有效的知识，要学会学习。

第三，要有良好的心理素质和精神素质。网络时代人与人的直接交往减少了，间接交往增加了，因此对人的心理素质和精神素质的要求就更高了。

3. 具有创新性学习能力

学习可分为两类：一类是维持性学习，其目的在于获得已有的知识、经验，以提高解决问题的能力；另一类是创新性学习。在信息化时代，人们接触知识较以往更为容易，费用也更为低廉，从而使选择和有效利用知识与信息的技能变得重要起来。解读信息、选择相关信息、忽略不相关信息、学习新的技能等，这些都比传统意义上对知识本身的学习更为重要。

有研究表明，人类近 30 年产生的知识约等于过去 2000 年的总和，预计到 2050 年左右，人类掌握的知识将仅为知识总量的 1%。因此，培养学生的创新性学习能力是高等职业教育的一个重要任务，其目的在于通过学习提高学生发现和接收新知识、新信息，以及提出并解决新问题的能力，以迎接和适应未来社会发生的变化。

4. 具有综合能力

职业教育必须改变学科本位、知识本位的教育质量观念，重点突出学生的能力本位。从培养目标来看，职业教育的对象是人，既要为适应周围的环境对自身进行改造，又要改造周围的环境。也就是说，一个生物意义上的人只有经过职业教育才能成长为一个社会需要的职业意义上的人，但又不仅仅是一个纯粹的职业意义上的人，而是一个要生存、要发展的活生生的社会意义上的人。职业教育要为生存和发展打下坚实的基础，能力在其中发挥着关键作用。所以，职业教育里的素质教育是追求生存和发展的能力教育，是现代职业教育体系的一个重要的思想基础，使学生获得在合适的职业岗位上工作所需要的各种能力是职业教育最主要的任务。以能力为本位的职业教育观在国际上已达成广泛共识。联合国教科文组织提出，职业教育应当"为工作能力强、愉快的职业生涯奠定基础"。

当职业发生变化，或者当劳动组织发生变化时，劳动者所具备的这一能力依然存在。由于这一能力已成为劳动者的基本素质，所以劳动者不会因为原有的知识和技能对新的职业不再适用而不知所措，而是能够在变化的环境中重新获得新的职业技能知识。这种对从事任何一种职业的劳动者都应具备的能力，常被称为"跨职业能力"。由于这种能力对劳动者未来的发展起着关键性的作用，所以在职业教育中又被称为"关键能力"。关键能力是指从事职业都需要的，适应不断变化、飞速发展的科学技术所需要的一种综合职业能力。综合职业能力包括方法能力和社会能力。其中，方法能力又包含了独立思考能力、分析判断与决策能力、获取与利用信息的能力、学习掌握新技术的能力、革新创造能力和独立制订计划的能力等。社会能力则包含了组织协调能力、交往合作能力、适应转换能力、批评与自我批评能力、口头与书面表达能力、心理承受能力和社会责任感等。尽管从具体的内容上看几乎包罗万象，但总体来说都是一些涉及科学方法和社会交往方面的能力。而且，综合职业能力对劳动者积极应对变化的世界，不断或重新获得新的职业知识和技能，获得可持续发展，具有重要意义。

第二节　职业教育人才培养目标的设定

职业教育人才培养目标制约着其教育活动的方向、课程教学方法和手段，是职业教育的出发点和归宿。它不仅在职业教育学理论中占有重要位置，还对实际的职业教育工作有着现实的指导意义。那么，怎样才能正确地设定职业教育人才培养目标呢？

一、智力依据——独特智力倾向

通过观察学生的入学情况可以发现，进入职业学校的学生绝大多数是经过重点高中、普通高中等层层选拔后的落榜者，以常人的观点看是普通教育中处于相对劣势的群体。我们并不赞同职业教育的学生是基础教育的失败者的观点，我们认为职业教育的学生只是在智力类型方面与进入重点高中的学生之间存在着差异，是一样具有独特智力倾向的群体。

美国哈佛大学教育心理学家霍华德·加德纳在 20 世纪 80 年代提出了多元智能理论。他认为，智能是多元的，每个人身上至少存在 7 项智能，即语言智能、数理逻辑智能、音乐智能、空间智能、身体运动智能、人际关系智能和自我认识智能。语言智能指的是人对语言的掌握和灵活运用的能力；数理逻辑智能指的是人对逻辑结构关系的理解、推理、思维表达的能力；空间智能指的是人对色彩、形状、空间位置等要素的准确感受和表达的能力；音乐智能指的是人感受、辨别、记忆、表达音乐的能力；身体运动智能指的是人的身体的协调、平衡能力和运动的力量、速度、灵活性等；人际交往智能指的是人对他人的表情、说话、手势动作的敏感程度及对此做出有效反应的能力；自我认识智能指的是人的个体认识、洞察和反省自身的能力。

后来，加德纳又增加了"自然智能"和"存在智能"。加德纳批判传统的智力衡量标准，他认为智力并非以语言、数理等能力为核心，它们也不应成为衡量人们智力水平高低的唯一标准。每个学生的智力都是多元的组合体，能力的不同组合构成了个体间智力的差异，如有些学生的语言智能占主导，有些学生的身体运动智能占优势，并倾向于用不同的方式来学习。目前的学校教育更注重语言能力和数理逻辑能力，并以此判断学生智力和能力的高低。

根据加德纳的多元智能理论和现实职业学校的生源选拔状况，我们不难发现，职业学校的学生虽然在语言能力、数理逻辑能力方面相对较弱，但并不表明其在其他方面也弱。对中国在初中时学习困难的学生的各项能力调查的结果也显示，基础教育中学生学习优劣的差距主要表现在语言能力、数理逻辑能力方面，而在观察能力、运动能力方面的差距并不明显。问题在于现有教学未能足够重视除语言、数理逻辑能力之外的其他智力潜能的开发，并在评价中加以反映。实际上，语言能力与数理逻辑能力不是社会发展所需人才素质的全部。西方学者曾就学校知识性、学术性测验与未来职业岗位之间的关系进行过研究，研究普遍表明二者的相关程度较低。

二、层次依据——职业带理论

职业教育的核心内涵在人才结构中应该具有唯一对应性，即其培养目标必然属于某一系列人才的范畴，并在这一系列中某一特定层次界定高职培养目标。提起社会人才的分类结构，我们总会想到金字塔形、门字形、阶梯形等多种结构模式。但目前国际上比较认同的人才结构及分类理论是西方国家常用的职业带理论。例如，工业领域将各类工程技术人才的知识和技能结构用一个连续的职业带来表述。如图3-1所示，工程技术人才按其各自不同的职业性质、工作对象和管理范围被划分为技术工人、工程师、高层次技术员三个系列，分别为C系列、E系列、T系列。图4-1中A、B处在技术工人（C系列人才）区域，C、D处在工程师（E系列人才）区域，E、F处在高层次技术员（T系列人才）区域。斜线上方代表手工操作和机械操作技能所占的比重，下方代表科学理论和工程技术理论知识所占的比重。

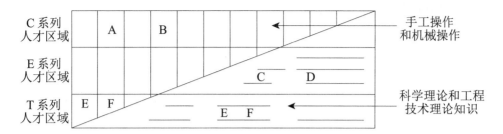

图 3-1　职业带理论示意

从图 3-1 中看出，对技术工人的要求主要是操作技能，对工程师的要求主要是理论知识，对技术员则在两个方面均有一定的要求。国际上一般将培养这些不同系列人才的学制相应地分为三种类型：培养工程师的称工程教育；培养技术工人的称"职业教育"；培养高层次技术员的则称"技术教育"。后两类统称"技术和职业教育"，同属广义的职业教育范畴。

职业带理论除了可以解释技术工人、高层次技术员、工程师三个系列人才的地位和特点，还可以解释社会人才结构随着科技进步与生产技术发展的演变及其与教育的关系。

在手工业生产阶段，整个职业带上的人才类型是单一的；在大工业出现初期，职业带上出现了技术工人和工程师两类人才，且两者在职业带上有部分交叉。20 世纪上半期，工程师为适应科技发展需要必须提高理论知识，于是便在职业带上大幅度右移，与技术工人的交叉消失并拉开距离，由此出现的空隙需要一种新型人才来填补，高层次技术员这种中间人才应运而生。到 20 世纪下半期，由于高新科技的突飞猛进和生产技术体系的不断发展，工程师区域继续右移，技术员区域进一步扩大并出现了层次上的分化，从而诞生了高级技术员（或称工艺师、技术师、技术工程师等，虽然各国称谓有所不同，但其本质上是一致的）这种新型的高层次技术员，因它原属于 T 系列人才范畴，但又与 E 系列有部分交叉，故有人将其称为 TE 系列人才。

技术员系列人才的多层化给教育带来了培养目标上的分化。作为 TE 系列人才的高层次技术员必须具备较高的理论水平，故其所接受的教育内容已跨入职业教育领域。于是，自 20 世纪 60 年代以来，各国职业教育相继在培养目标上外化出专门培养这类人才的学制，如美国有两年制专科培养技术师，法国有培养高级技术员的短期技术学院，英国有培养技术工程师的多科技术学院，德国有培养应用型工程师的专科大学和职业学院等。这种新型学制就是我们所说的高等职业教育（实质上是高等技术教育），图 3-1 中用箭头所示的区域即为其对应的培养目标。高等职业教育的出现顺应了职业教育高移化这一世界性趋势，随着当今高科技产业的迅猛发展，职业教育高移化必将使高等职业教育在数量上、层次上进一步扩展。

当然，从严格的意义上讲，用一个仅以工程技术人才为例的、经过简化的、平面的职业带，来表述复杂的、多维的社会人才结构是不够精确的，但它毕竟是至今为止可以在较大范围内得到承认且相对完整的理论模式，特别是它能够反映人才结构与教育结构的相互关系，这有助于我们进一步揭示高等职业教育的核心内涵，其他行业的人才结构虽然不是都能精确地对应，但总体来看还是颇为类似的。例如，在医疗卫生系统，除了受过类似工程教育（医学高等教育）的医师（相当于 E 系列人才）和受过狭义职业教育（一般护理技术培训）的普通护理人员（相当于 C 系列人才），还需要大量受过技术教育（医药卫生类中专教育）的护士（相当于 T 系列人才）作为中间人才。实际上，国内一些医科大学近年已出现护理专业的专科和本科学制，其高等职业教育的性质是不言而喻的。

三、素质依据——综合能力

（一）各国职业教育重视"关键能力"

"关键能力"的概念最早出现在 20 世纪 70 年代初。德国劳动力市场与职业研究所所长在 1972 年给欧盟的报告《职业适应性研究概览》中第一次使用了"关键能力"的概念。"关键能力"的概念发展到今天，已被世界上几乎所有的国家所接受，但在不同的国家，其称谓和含义也存在差异。它在德国被称为"软能力"或"关键能力"，在美国被称为"基本技能"，在英国被称为"核心技能"，在澳大利亚被称为"关键能力"，在新西兰被称为"必要技能"，而中国多采用"关键能力"这一称谓。现将德国、美国、英国、澳大利亚、新西兰、中国对"关键能力"的理解进行概括，如表 3-1 所示。

表 3-1　各国对"关键能力"理解的比较

国家	对"关键能力"的理解
德国	交流与合作能力；组织和执行任务的能力；独立性与责任感；学习技能和思维能力；承受能力
美国	基本的信息处理技能；基本的信息交流技能；资源管理技能；人际交往能力；基本的读、写、算的能力；基本的思维技能；技术系统
英国	交流技能；提高学习与操作的个人交流技能；与他人合作的能力；计算能力；解决问题的能力；信息技术；现代外国语
澳大利亚	收集、分析和组织信息的能力；交流观点和信息的能力；规划与组织活动的能力；团队合作能力；应用数学方法技巧的能力；解决问题的能力；应用科技成果的能力；理解不同文化的能力
新西兰	信息处理技能；人际交往技能；自我管理工作和学习的技能；社会性技能；计算技能；决策技能；信息交流技能
中国	与人合作的能力（团队精神、交际能力等）；生存发展的能力（组织能力、收集和处理信息的能力、分析和解决问题的能力等）；职业行为能力（分析能力、创造能力、语言文字表达能力、获取新知识的能力等）；心理承受能力（适应新环境和承受挫折的能力等）

（二）企业用人能力与态度并重

目前，企业聘用人才除了看重综合能力外，对人才的职业态度也十分重视。然而，技术学院、专科学校毕业生的敬业精神、就业稳定性、外文能力均低于产业期望的平均数，普通高校毕业生则只有人群关系高于期望值。业界普遍对技职体系的毕业生有肯定的评价，但在沟通能力、领导能力、外文能力、表达能力及人群关系方面的评估不容乐观。一些专家、学者也表示，技职体系的学生较欠缺人文、艺术、管理等方面的素养，并建议各级技职学校应全面加强通识教育，强化其课程、师资及教材，让学生除学习专业知识外，还有更多机会学习人文、人际关系等方面的课程。

此外，在制订各级各类教育的人才培养目标时，人们自觉或不自觉地遵循一定思想或理论的指导。中国是社会主义国家，马克思主义是无产阶级革命和社会主义建设的指导思想，马克思主义关于人的全面发展学说是中国制订高等职业教育人才培养目标的理论依据。

第三节　职业教育人才培养方案的设计

人才培养方案是人才培养工作的总体设计和实施蓝图，制订科学、有效的人才培养方案，是高职院校做好人才培养工作的重要环节。设计专业人才培养方案时要处理好高教性与职教性的关系、专业与课程的关系、专业的定位问题等逻辑前提；要回答好四个重要问题，即办什么样的专业、培养什么样的人、怎样培养人、为谁培养人；在此基础上，提出制订专业人才培养方案必须坚持的原则，以及人才培养方案中专业课程体系应包括的课程类型。

职业教育以人才培养为根本任务。要想做好人才培养工作，必须有效破解三个命题，即培养什么样的人、怎样培养人、为谁培养人，这三个命题也是办好学校的首要命题。要想做好人才培养工作，体制机制和环境营造都十分重要，但把每一个专业人才培养方案设计好也是十分重要的前提，因为人才培养方案既是人才培养工作的总体设计和实施蓝图，也是人才培养模式改革的出发点和落脚点。

一、设计职业教育人才培养方案的逻辑前提

职业教育人才培养方案的设计，既有理论问题，也有实践问题；既有科学问题，也有艺术问题；既有谋划问题，也有实施问题；既有理想状态，也有现实情形。但总体而言，我们要从理论上回答清楚，带着理想和情怀，认真做好这项工作。研究和制订专业人才培养方案时必须处理好以下三个逻辑前提。

（一）高教性与职教性的关系

职业教育具有高教性和职教性的双重属性，因此制订专业人才培养方案时必须要处理好这两者的关系。其中，最重要的是把专科层次的高等教育与职业教育属性处理好，既要满足做好高等教育专科层次的水平和要求，又要落实好职业教育的具体属性。

（二）专业与课程的关系

专业是高等教育和职业教育的特有概念。在我国，基础教育是以课程为逻辑的，职业教育是以专业为逻辑的，高等教育兼具学科逻辑和专业逻辑。

我国的专业概念是从苏联引进的，欧美国家的高等教育一般讲课程计划，因此处理好这些关系十分重要，这实际上是要研究和把握好专业和课程之间的关系，把握好专业的口径和范围问题。一般而言，职业教育必须立足于专业建设，而专业是一个基于社会分工和职业岗位需求的学科门类，必须与社会经济发展紧密联系在一起。专业既不是课程的简单组合，也不是课程计划，而是以明确的学科门类为基点的综合体，是学校开展人才培养工作的基础和基点，如确需开展学科研究，也是为了专业人才培养工作的顺利开展。

（三）专业的定位问题

在我国高等教育和职业教育的实践中，无论是专科、本科，还是研究生，都是以专业来界定，专业成为继校名、院名的第二道或第三道门。因此，专业对于高等教育或职业教育而言，有一定的通用性，对于普职融通或现代职业教育体系及其专业继续发展来说，具有持续性，正因为这样，专业的设置至关重要。然而，我们必须清楚的是，无论是高等教育还是职业教育，专业学制都是有限的，学习时间也是有限的，不可能穷尽相关理论知识和技能，更何况还有学生基础和人才培养定位问题。职业教育的任务是培养社会主义现代化生产建设、管理、服务第一线需要的高素质、高技能人才，由于具有培养一线应用型人才的属性，因而必须紧贴行业、企业和社会需求，这就有一个合理的层次定位问题，还有适当的因地制宜和办出特色问题，同样的专业更有高职特征、区域特色和院校特点等具体问题。

二、设计职业教育人才培养方案必须回答的四个问题

职业教育人才培养方案的设计既是一门高深的学问，也是一个现实的课题。在梳理清楚逻辑前提的基础上，必须回答几个重要的问题，即办什么样的专业、培养什么样的人、怎样培养人、为谁培养人。

（一）办什么样的专业

办什么样的专业，这既不能简单地照搬历史，但又必须传承历史；既不能盲目跟风，但又必须考虑现实需要。从理论上看，专业的设置应从专业出发。一般而言，区域性的高职院校要紧贴区域经济发展需求，学校应根据地方经济发展的需要研究开设什么样的专业；行业性或由行业举办的高职院校，围绕或紧贴行业需要和产业发展开设专业同样合乎逻辑。基于这样的理解，我们认为办什么样的专业，总体上是基于需求，而需求又有可能是变化

的。因此，我们不能简单地由需求因素决定，同时必须要考虑办学条件，这既包括历史条件，又包括师资及办学条件，还包括专业与学科的相关性。因此，专业不是简单的专业，而应有专业群和专业结构问题。

（二）培养什么样的人

关于培养什么样的人，从宏观来讲，要培养中国特色社会主义的建设者和接班人，而对职业教育人才培养的具体定位，各个时期的表述有所不同。

为了适应全面建设小康社会对高素质劳动者和技能型人才的迫切要求，促进社会主义和谐社会的建设，根据《国务院关于大力发展职业教育的决定》，把学生的职业道德、职业能力和就业率作为考核职业院校教育教学工作的重要指标，逐步建立有别于普通教育具有职业教育特点的人才培养、选拔与评价的标准和制度。

《国务院关于加快发展现代职业教育的决定》则要求，专科高等职业院校要密切产学研合作，培养服务区域发展的技术技能人才。

《高等职业教育创新发展行动计划（2015—2018年）》在开展优质学校建设方面明确要求培养杰出的技术技能人才。

《国家职业教育改革实施方案》提出了完善高层次应用型人才培养体系，畅通技术技能人才成长渠道；发展以职业需求为导向、以实践能力培养为重点、以产学研用结合为途径的专业学位研究生培养模式，加强专业学位硕士研究生培养；推动具备条件的普通本科高校向应用型转变，鼓励有条件的普通高校开办应用技术类型专业或课程；开展本科层次职业教育试点。

此外，《国家教育事业发展"十三五"规划》强调，职业教育的任务是培养发展型、复合型、创新型和技术技能型人才，高等职业教育要培养高端技能型人才。我们认为，职业教育要培养人才，应该是面向一线、面向应用的职业化、程度高、适应性强，并有一定发展潜力和能力的专门人才或技术技能人才。

（三）怎样培养人

关于高等职业教育怎样培养人的问题，教育部在不同时期、各个阶段的文件中也有不同的表述。

2019年，教育部发布的《关于职业院校专业人才培养方案制订与实施工作的指导意见》中提出，应依据国家有关规定、公共基础课程标准和专业教学标准，结合学校的办学层次和办学定位，科学、合理地确定专业培养目标，明确学生的知识、能力和素质要求，保证培养规格。同时，要注重学用相长、知行合一，着力培养学生的创新精神和实践能力，增强学生的职业适应能力和可持续发展能力。此外，坚持把立德树人作为根本任务，不断加强学校思想政治工作，持续深化"三全育人"综合改革，把立德树人融入思想道德教育、文化知识教育、技术技能培养、社会实践教育各环节，推动思想政治工作体系贯穿教学体系、教材体系、管理体系，切实提升思想政治工作质量。高等职业学校按规定统一使用马克思主义理论研究和建设工程思政课、专业课教材。结合实习、实训强化劳动教育，明确劳动教育时间，弘扬劳动精神、劳模精神，教育、引导学生崇尚劳动、尊重劳动。推动中华优秀传统文化融入教育教学，加强革命文化和社会主义先进文化教育。深化体育、美育教学改革，促进学生身心健康，提高学生的审美素养和人文素养。

（四）为谁培养人

2016 年召开的"全国高校思想政治工作会议"强调，我国有独特的历史、独特的文化、独特的国情，决定了我国必须走自己的高等教育发展道路，扎实办好中国特色社会主义高校，我国高等教育发展方向要同我国发展的现实目标和未来方向紧密联系在一起，为人民服务，为中国共产党治国理政服务，为巩固和发展中国特色社会主义制度服务，为改革开放和社会主义现代化建设服务，必须坚持正确的政治方向，必须围绕学生、关照学生、服务学生，不断提高学生的思想水平、政治觉悟、道德品质、文化素养，让学生成为德才兼备、全面发展的人才，这些指明了我国人才培养的方向和目标。职业教育作为我国教育体系的重要组成部分，必须认真贯彻会议精神，并抓好落实。

三、职业教育人才培养方案中应具备的课程类型

职业教育必须贯彻立德树人的总要求，回答好关于人才培养的问题，充分体现人的发展的理念。因此，合理设计职业教育人才培养方案，以及把课程建设落到实处是非常重要的。笔者认为，职业教育人才培养方案中至少应包括以下四种类型的课程。

（一）思想政治课程

思想政治课程，是贯彻党中央关于扎根中国大地办中国特色社会主义高校、回答好为谁培养人的重要课程，其根本任务就是发挥思想政治教育的功

能。按照《〈中共中央宣传部 教育部关于进一步加强和改进高等学校思想政治理论课的意见〉实施方案》的设置，本科教育开设"4+1"课程，即马克思主义基本原理，毛泽东思想、邓小平理论和"三个代表"重要思想概论，中国近现代史纲要，思想道德修养与法律基础，以及形势与政策；专科教育开设"2+1"课程，即思想道德修养与法律基础，毛泽东思想、邓小平理论和"三个代表"重要思想概论，以及形势与政策。今后，中国革命文化和社会主义建设先进文化也应在人才培养方案中有所体现。

（二）专业基础与专业知识类课程

职业教育坚持以服务为宗旨、以就业为导向去培养人才。专业建设是学校人才培养工作的重点，是职业教育区分于其他教育类型的重要特征，是职业院校分配与积聚资源的重要基地和平台，也是学校特色和服务能力的重要体现。因此，可以明确而肯定地说，无论采用什么样的课程模式，专业基础与专业理论知识类课程应该是专业人才培养方案中的主体课程，它要讲清楚专业的基本理论、基本知识，介绍专业的基本制度、基本法规，不仅要让学生知道是什么，还要让学生知道为什么。关于这一点，在职业教育改革发展过程中，项目化课程、基于工作过程系统化课程等被广泛推广，应当说，它们具有一定的科学性，也有存在的价值。关于采用什么样的课程模式，各学校应从本校和本专业实际出发，在遵循职业教育办学和人才培养规律上做出选择，但不变的是，这类课程始终是教学过程中的主干和主体。

（三）技术和技能类课程

我国教育部自21世纪开始发布的各类重要文件都强调培养高素质技术人才或技能型人才，进入"十二五"以后，教育部的相关文件都把职业教育的培养目标定为培养技术技能型人才。实践也证明，技术和技能水平的确是衡量职业教育质量和水平的重要标准之一，教育部为此也十分重视职业教育的技能大赛。广大用人单位在看重毕业生综合素质的同时，也对其技术技能水平感兴趣。正因为如此，笔者认为，在每个专业的人才培养方案中，必须有一定数量的技术技能项目，既体现本专业的特点，又要求学生参加对口的职业资格证书和技能项目的考试与考核，还可鼓励学生积极参加这些项目的竞赛取得相应等级和名次。学校也应开设相关项目，并开展考核、考级、比赛等，这既是对专业特点的彰显，也有利于培养学生勤奋苦练的精神，还有利于提高学生在就业市场上的竞争能力。

（四）专业实习和实践性项目课程

按照一般要求，职业教育学生要被安排一定数量的认知实习、专业实习、毕业综合及顶岗实习。专业性实习和实践主要是为了更好地贯彻理论与实践相结合的教学原则，也是为了消化和巩固课堂教学知识，为学生走出校门、走向职场、走向社会创造条件，并以此积累学生的工作经历，从而有利于学生更好地发展。因此，在人才培养方案中，应设置专业性的实习和实践。与此同时，为了使学生更好地了解社会，锻炼和培养他们的就业能力，学工系统应鼓励学生成立各种理论学习型、专业拓展型、文艺体育型、技术技能型、公益服务型社团，可以组织开展志愿者活动，也可组织一些类似合唱团、艺术团之类的群众性艺术活动。这些社团或组织既有社会实践的因素，也有实践育人的要求，还有培养学生特长才艺的功能。我们也可以把这些社团或组织体现在一定的课程之中，在课程改革过程中，采取课程社团化、课程综合化的改革模式，将两者结合起来，有利于推进全过程立体化同向协同育人。

总之，职业教育人才培养方案的设计是一项系统工程，前文所述只是基本要求。其实，设计人才培养方案时大量的工作在于调研、在于问卷设计、在于征询、在于毕业生跟踪和分析，这既是一门技术，也是一项艺术。与此同时，人才培养方案中的各类课程都应该具体化和详细化，要有课程标准、教学大纲、考核机制等。从整个人才培养方案的设计到实施，我们还应当构建内部质量保证体系，要有诊断和改进工作的机制，这样，职业教育工作才会得到有效落实，并切实形成良好的效果。

第四节　终身教育理念下职业教育人才培养模式的选择

一、职业教育人才培养模式选择的原则

职业教育人才培养模式涉及职业教育理念、职业教育培养目标和培养方式等内容。职业教育培养目标是职业教育人才培养模式的核心。终身教育理念下职业教育人才培养模式的选择应遵循可持续发展原则和全面发展原则。

（一）可持续发展原则

所谓"人的可持续发展"，是指开发潜藏在个体生命深处的体力、智力和情商力在长度上的持久性、在广度上的均衡性和在深度上的透彻性。它以追求生命潜能开发的最优化为基本内容，指的是人在德、才、学、识、健等方面的和谐、完善，最终实现对人之为人的主体性的全面占有。人的可持续发展涉及人、人与自然和人与社会的关系，人的主体性正是通过其将人类已有的文化成果内化，使已有的精神持续发展和完善，尤其是在处理与自身的关系中所表现出来的自我认识、自我设计、自我改造和自我完善。研究表明，成人阶段与人生早期一样，"同样有自己的过渡和危机，同样有许多新问题要解决和许多新情况要掌握"。但长期以来的工具理性教育完全忽视了作为个体的人的可持续发展，片面追求专业技能的机械训练，导致了重学历教育而轻终身教育、重知识教育而轻人格培育等弊端。这种过度关注物化因素而忽视对精神世界必要关怀的工具主义教育是对人的可持续发展的漠视，是一种"伐根以求木茂，塞源而欲流长"的急功近利行为，没能赋予个体可持续发展的精神和能力，使个体缺乏强劲的内驱力。独立性的形成需要一个极其漫长甚至痛苦的过程，它不仅需要个体的长期积累、涵养，还需要付出艰辛和努力。人只有终身学习，走可持续发展之路，才能使人的独立性持续发展和完善，这正是终身教育理念下职业教育人才培养所追求的目标。事实上，终身教育体现的就是可持续发展的理念。

（二）全面发展原则

关注学生的主体性是职业教育的核心工作，因为学生不仅是观察者，还具有自己的价值观和信念。人才培养模式的选择不仅是对知识的选择，还使学生成为学习的主体，不再作为知识的接受者被动地听从教师的指令，而是可根据自己的兴趣、需要和观点直接与客观世界、环境进行对话，通过与教师共同探究知识、相互交流成为全面发展的人。目前的学校教育多是以应试和就业为主导，将人的创造性抑制和束缚起来。于是，期待终身教育能够关怀和满足所有人"作为身体的、情感的、性别的、社会的，以及精神存在的个人的各方面和各种范围的需要"。

尊重差异、崇尚个性是终身教育理论的核心思想之一。个性是个体与其他人区别开来的特性，一般包括能力、情感、意志和兴趣等，而且个性是通过与环境的相互作用不断地被创造和再创造的过程。终身教育追求人的个性的全面发展，要求职业教育要关注学生个性发展的时空环境，提供表现主体性、个性化的教学内容，培养其开阔的思路、广泛的兴趣、乐于进取的精神。

二、职业教育人才培养的类型及模式

（一）学历教育

学历教育是根据教育部下达的招生计划录取的学生，按教育主管部门认可的教学计划实施教学，学生完成学业后，由学校颁发国家统一印制的毕业证书和学位证书。职业教育的学历教育部分是指对普通高中毕业的学生进行正规的学校教育，安排一定比例的理论和实训课程，目标是培养应用型技能人才。职业教育的迅速发展，一方面提高了教育大众化的进程，另一方面也体现了社会对高水平技能人才的强烈需求。通过职业学历教育，学生在理论基础和技能操作水平上都有了明显提高，成为职前教育的重要环节，也为终身教育提供了条件。

职业教育以培养学生的创新精神和创新能力为目标，面向高中后或中职升入的学生，以传授技能技术为重点，通过有针对性的教育，使学生普遍具有较强的实际应用能力和动手操作能力。无论是全日制还是非全日制的教育形式，职业教育的实用性较强，接受职业教育的群体非常广泛。

非学历教育、在职培训和社区教育也是职业教育的重要组成部分，在开展终身学习的过程中，人们迫切需要在学历教育之外接受非学历教育。

（二）非学历教育

以信息技术为核心的知识经济时代正在引发一场新的学习革命。传统的一次性学习或学历教育模式已经不能适应不断变化的世界和经济全球化的需要。职业教育应该提供接受各种教育，包括有针对性的职业教育的机会，注重技术技能的培养，也应该为创造新的工作岗位做出贡献。在职学习、职业培训、继续教育作为普遍的、经常的教育与学习方式，成为培养人才的重要途径。联合国教科文组织发表的《21世纪的高等教育：展望与行动世界宣言》中指出："作为专业培训、知识更新和进修的终身源泉，院校应该系统地考虑职业界及科学、技术和经济部门的发展趋势。为满足工作的需要，教育系统和职业界应共同制订和评估理论与职业培训相结合的教学过程、衔接性课程计划，以及对以前学业进行评估和承认的计划。院校可在其预测职能的范围对创造新的工作岗位做出贡献，虽然这不是它们的唯一职能。"

（三）在职培训

在终身教育理念下，社会对技术水平的要求不断提高，传统的一次学习终身受用的情形已不复存在，人们要想适应社会发展、紧跟时代要求，就需要不断地接受培训和继续教育。随着产业经济的发展，我国对产业结构进行了战略性调整，使不同产业之间的人员结构产生了大幅度变动，也使我国在职的专业人才和劳动者对岗前培训、在岗培训、转岗培训，以及学校后继续教育的需求空前高涨（见表3-2）。同时，在产业技术升级的过程中，我国劳动力价格低廉的传统优势正在减弱，这对中国人力资源的结构、素质及人才培养模式等都提出了新的、更高的要求，教育与培训的任务十分艰巨。上述诸多变化既为职业院校提供了更多的发展机遇和发展空间，也使职业院校面临更多挑战。此外，第三产业的比重将越来越大，对高级技能和管理人才的需求不仅应靠职业院校毕业生来满足，还应通过对岗位转换的劳动力进行职业教育层次的培训来满足，以保证人力资源对社会可持续发展的适应。

表3-2 中国三大产业从业人员比例及发展趋势

年度	1980 年	1990 年	2000 年	2020 年	2030 年
第一产业（%）	68.7	60.1	50.0	25	20
第二产业（%）	18.2	21.4	22.5	31	32
第三产业（%）	13.1	18.5	27.5	44	48

（四）社区教育

社区教育作为一个全新的教育增长点，正逐渐走向大众，受到社区民众的欢迎。特大型小区的开发及安居工程的实施，正在呼唤职业院校的介入。职业院校的教育"超市"，如果忽视社区教育阵地，将会是一个没有后劲的"超市"。职业教育要立足社区，面向社会，兼顾其他领域；要解放思想，勇于创新，敢于与社区教育接轨，如举办琴、棋、书、画培训班，以及老年大学等；要以成功的、大众化的教育（如外语、计算机教育培训等）占领社区教育市场；要利用职业教育的优势，把职业技术、科技知识、卫生知识、法律知识带进社区，帮助建立学习型、文化型、科技型、绿色型社区；要为社区提供适合不同学历层次、年龄层次人员的多种教育服务，营造职业教育"超市"的人气，促进其更加繁荣。

职业教育作为高层次教育，对学习化社区终身学习氛围的营造和形成，发挥着举足轻重的作用。职业院校除了属于"学校教育"子系统，还属于全社会继续教育和终身教育的子系统，是推动区域性学习化社区建设的高层次载体。

职业院校以技术服务社区，这既是职业院校自身发展的需要，也是社会经济的发展对职业院校提出的要求。职业教育的人才培养就是要适应终身学习的理念，职业院校应通过实施现代远程教育、技术资格等级证书培训、合作办学等，有效地发挥现有教育资源的优势，给人们提供终身学习的机会。在非学历教育的培训中，职业教育要树立"培训全体从业人员"的人才培养理念，搞好开放办学，走校企合作、校所合作、校际合作、国际合作的道路，并且按照"上岗—培训—再上岗—再培训"的模式进行培训。总之，非学历教育的升级，一定会提高职业教育"超市"的品位。通过技术创新，职业院校将成为区域社会的技术辐射中心，更好地服务社会。

职业教育人才培养模式主要有以上四种，它们之间既有共性问题，又有个性问题，不同类型有其自身的规律，因此需要针对不同办学类型选择不同的人才培养模式。

三、职业教育人才培养模式的选择

职业院校的教学应当以应用能力培养为主要目标，并科学地设计学生的知识与能力结构，强化实践技能训练，使学生成为具有一定的基础理论知识和专业知识、掌握从事专业领域实际工作所需要的技能、并具有良好职业道德的高技能人才。对高技能人才的培养，更强调对学生操作技能的培养。学生操作技能的养成受到多种条件的影响，如示范、讲解、练习和反馈等。职业院校的教学方法具有自身的特点，那就是在教学过程中要特别注重对学生职业能力的培养和职业技能的训练，注重对学生解决问题能力和自学能力的培养和训练，可见教学活动应更注重实践性。职业院校的教学模式和教学方法是高技能人才培养的重要一环。在教学的全过程中，应综合运用多种方法强化技能训练，培养综合职业能力，围绕职业功能与综合职业能力，注意与职业岗位相衔接，使学生具备一定的岗位实践技能和模拟岗位操作的经验，在真实（或模拟）的职业环境中强化训练学生的职业技能，发挥学生的主体作用。

（一）采用理论实践一体化教学模式

理论实践一体化教学模式是指在特定的技术实训中心，通过师生双方边教、边学、边做来完成某一教学目标和教学任务。该模式具有应用性、综合性、先进性、仿真性等特点，使教学更接近企业技术发展的水平，营造浓郁的职业氛围，达到能力与素质同步培养的目的。此外，借助先进的生产设备和教学装备，融理论教学、实践教学、技术服务为一体。因此，理论实践一体化教学模式对培养理论知识与实操技能兼具的高技能人才具有不可替代的优势。

（二）以职业功能为模块，开展项目式教学

为了有效地进行职业能力培养，应通过能体现和涵盖职业功能模块的项目教学，将实际的技能训练与技能鉴定环境带入教学环境中，并将两者融合在一起，在一个理论与实践并重的环境里，帮助学生在解决问题的过程中活化知识，从而为学生提供一个实际的、完善有效的学习过程。通过项目教学，锻炼了学生的动手能力，使学习过程成为学生人人参与的创造性实践活动，并使学生在项目实践过程中体验创新的艰辛与乐趣，培养其分析问题和解决问题的能力。

（三）采用参与性—反馈式技能培养模式

操作技能是人们在职业活动中经过练习而获得的完善了的职业技能。职业活动往往是由一系列的动作组成，能否顺利完成这些活动，取决于人们对实现这些活动的一系列活动方式的掌握。美国心理学家桑代克认为，技能学习是不断尝试错误的过程。斯金纳认为，一切行为都是由反射构成的，学习行为就是对反射的强化作用，因此对强化的控制就是对行为的控制。通过反馈原理可以强化技能学习的效果。图式理论认为，要发挥动作学习的正迁移作用，学习者必须主动、自觉地发挥认知的能动性，尤其是遇到较为生疏的动作情境，更应充分发挥认知和知觉的作用。操作技能的教学是一个复杂的过程，单凭某一种学习理论虽然不能解释所有的学习活动，但可以从某些方面揭示学习的规律。因此，不同的学习理论对操作技能的教学有一定的指导意义。以上理论为找到更加适合于操作技能获得的方法——"参与性—反馈式"技能教学方法提供了依据。

参与性—反馈式技能培养模式是学生通过观摩教师的示范与讲解，在大

脑中产生对即将学习技能的直观映像，并对刺激所带来的信息进行加工，通过模仿、尝试，学习某项操作技能。教师在练习中进行必要的指导，并及时反馈，学生通过反复练习、反复强化，使正确的动作得以巩固，形成从大脑到肢体的操作系统，最终学会并熟练掌握某种操作技能。教学目标根据学生不同的学习阶段、需要达到的操作技能水平而设定。该教学模式包括以下五个基本程序：定向、参与性练习、迁移、自主练习、反馈。定向就是让学习者明确教学目标，了解技能操作要点。参与性练习是指教师示范并指导学生练习，学生边练习、边接受教师的指导，同时体会动作要领。通过正迁移，使新学的技能与已经掌握的技能发生联系，即新学的技能与已经掌握的技能存在共同成分。自主练习是在参与性练习的基础上，使学生掌握动作的要点，让学生通过反复练习，强化正确的动作，消除多余的或错误的动作，逐渐形成连贯的、熟练的动作系统。反馈是教师通过观察和考核，了解学生掌握技能的情况，并将结果反馈给学生，使学生巩固规范的动作，缩短完成任务的时间。这种教学模式充分发挥了学生的自主性，有利于学生获得技能。

（四）开展综合实践训练，强化综合职业能力的培养模式

专业实践教学是对学生进行专业技能训练的重要环节。然而，在实际的工作岗位，尤其是需要高级职业资格的工作岗位，不仅需要特定的专业技能，还需要较强的综合职业能力。因此，在职业院校实践训练中，应增加工艺性、设计性、综合性的项目式实验实训课题，如将若干"全真"或"仿真"的职业任务提供给学生作为实践学习项目。在专业教学安排上，可设置适当的专业综合实践课程，并将技能训练与专题项目教学相结合，还可以利用项目引导、案例操作"模拟公司"等教学方法，强化学生的职业实践训练，提高学生的技术应用能力，同时培养学生的综合素质。例如，群体协作精神、沟通技巧与能力、责任感和主动性、创新能力等。

《国务院关于大力推进职业教育改革与发展的决定》中指出，要"加强职业教育信息化建设，推进现代信息技术在教育教学中的应用。积极发展现代远程职业教育，开发职业教育资源库和多媒体教育软件，为职业学校和学生提供优质教育资源"。因此，在高技能人才培养的实践教学环节中，要大量运用仿真技术、虚拟技术、计算机网络、人工智能等多种现代化教学手段，建立仿真实验室、多功能教室、网络教室、远程教学教室等，并长期为学生开放。学校也可采用与企业合作的办法，为企业开发用得上的程序、专利等，这样不仅可以强化技能训练，还可以提高教学效果。另外，对一些公

共课程、职业基础课程，都应从培养职业能力的视角，积极采用行为导向教学、主题教学或研究性学习等模式，引导学生努力探讨现实中直接提出的问题，培养学生分析问题、解决问题的能力。

四、职业教育人才培养模式的优化

职业院校人才培养模式不是一成不变的，可通过校企合作对人才培养模式进行优化。培养途径是指人才培养过程中为完成特定培养目标或教学目标所采取的培养形式和创造的教学环境的总和。校企合作是职业教育的一种极为重要的培养途径，是培养高技能人才最有效、最基本的途径之一。对于职业院校来说，实行校企合作有助于解决发展中普遍存在的办学场所设施落后，"双师型"教师缺乏，缺少稳定的实训基地等问题。在校企合作中，企业作为学校的实践教学基地，为学生提供大量的实践学习机会，使学生不仅加深了专业理论知识，熟悉了企业技术应用的过程和生产、管理的具体运行，还积累了经验，提高了综合知识应用和实际操作的能力。这样，学校能更快、更准确地获得新知识、新技术、新经验，从而培养出能快速适应不断变化发展的科技和工艺要求的技能人才。

然而，目前的职业院校的校企合作存在着许多问题，如合作主体认识不到位，政府宏观调控与监督不够，运行机制缺乏，利益驱动不大，经费投入较少等。校企合作的基本理论问题也没有得到解决，如校企合作的基本内容、基本途径与有效形式，校企双方的职责、评价标准等都不够明确。另外，校企合作的实践探索本身进展缓慢。[1]虽然某些学校开展了校企合作的实践，但大都停留在经验层面，没有形成不同地区、不同行业、不同专业都可供借鉴的校企合作模式。

有鉴于此，在校企合作中，除了应加强并充分发挥政府的宏观调控职能，加大对职业院校的投入，建立相应的法律法规，引导企业界积极支持、配合与介入，还应建立学校和企业间互惠互利、互动双赢的机制，拓宽校企合作的渠道，拓展校企合作的层面与层次，探索出一条从学校单方主动转变为校企双方互动，从短期合作转变为形成长期、稳定的合作关系的道路，实现更深层次的校企合作。

对于职业院校来说，要想使校企合作转化为双方的自觉行为，关键是要

---

① 侯静，石磊娜，张振平.终身教育理念下高等职业教育人才培养模式创新[J].成人教育，2012（8）：65-66.

找准双方的利益结合点。职业院校最大的优势在于人才结构齐全、知识密集度高，企业最大的优势是经费充足、与世界前沿技术较为接近。因此，学校应主动加强与企业的联系，充分发挥自身优势，与企业合作建设科技研发中心，使学校智力与企业生产要素紧密结合起来，为企业提供技术创新、技术咨询和技术服务，这样学校的研发中心也可获得经济效益。职业院校与企业生存发展的相关程度越高，企业对职业院校开展校企合作的支持度就越高，找准了各自利益的结合点，校企双方才能树立牢固的合作思想，互惠互利，共同发展。

第四章 终身教育理念下职业教育体系构建的课程改革

第一节 职业教育课程的基本概述

一、关于课程内涵的界说

"课程"一词在我国最早出现于唐宋年间。唐代孔颖达在《五经正义》里为《诗经·小雅·巧言》的"奕奕寝庙，君子作之"一句注疏时，首次使用了"课程"一词。他写道："教护课程，必君子监之，乃得依法制也。"这是目前我国历史文献所能见到的"课程"一词的最早使用。宋代朱熹在《朱子全书·论学》中也多处使用"课程"一词，如"宽着限期，紧着课程""小立课程，大作工夫"等，其意思是指所分担的工作和学习内容的范围、时限和进程。朱熹的用法已与我们现在许多人对课程的理解基本相似。

英文的课程 curriculum 一词源自拉丁语，原意为"跑道"。据此，课程常被理解为"学习的进程"或"学习的路线"，即"学程"，既可以指一门学程，也可以指学校提供的所有学程。

（一）从课程的要素或属性层面界定

1. 课程是知识

把"课程"的本质看成知识，不仅是一种比较传统的观点，还是国内目前比较有代表性和普遍性的观点。这种观点的基本思想是课程的主要使命在于使学生获得知识。课程被等同于知识，知识是按学科分类的。因此，这种定义的另一种表达方式就是"课程即学科（科目）"，这也是一种常识化的课程观，在学校的日常实践中和人们的头脑里根深蒂固。

2. 课程是经验

这种对"课程"的定义，把课程视为学生在教师指导下所获得的经验或体验，以及学生自发获得的经验或体验。它是在对前一种观点进行批评和反思的基础上出现和形成的。杜威将这种观点加以系统化、理论化并付诸实践。[①]

（二）从课程的功能或作用层面界定

1. 课程是目标或计划

这种对"课程"定义把课程视为教学过程要达到的目标、教学的预期结果或教学的预先计划。这是一种预设性的课程观，它揭示了课程的目标性和计划性，即课程总是指向一定的目标，并制订计划来实施。但是，目标作为预期的教学结果，同实际学习结果是有一定差别的，把课程界定为预期的教学成果只说明了课程的预期性，并没有说明什么是课程。

2. 课程是活动或进程

把"课程"界定为活动或进程是一种生成性的课程观，这意味着课程不再是静止的"跑道"，不再是需要贯彻的课程计划或需要遵循的教学指南，而是个体生活经验的改造和建构，是自我的"履历情境"，即"在跑道上奔跑"的历程。对"课程"内涵的界定，美国著名课程论学者派纳的概括最具典型性："课程不再是一个事物，也不仅是一个过程。它成为一个动词，一种行动，一种社会实践，一种私人的意义，一种公民的希望。"

（三）从课程的层次或结构层面界定

对"课程"的定义，有时是针对其在不同层次上所起的作用而言的。美国学者古德莱德对课程的理解最具代表性。在他看来，人们在谈论课程时，往往谈的不是同样意义上的课程。他认为，存在着五种不同的"课程"。

---

① 孟娴．终身教育理念下的高等体育职业教育课程改革 [J].内江科技，2012（2）：175-176.

1. 理想的课程

"理想的课程"指由一些研究机构、学术团体和课程专家提出的应该开设的课程。例如，现在有人提议在中学开设性教育或健康教育的课程，并从理论和实践的角度论证其必要性，这就属于理想的课程。这种课程是否产生影响取决于是否被官方采纳。

2. 正式的课程

"正式的课程"指由教育行政部门规定的课程计划、课程标准和教材，也就是列入学校课程表中的课程。许多人理解的课程就是这类课程。

3. 领悟的课程

"领悟的课程"指任课教师所领会的课程。由于不同教师对正式课程会有不同的理解和解释，因此教师对课程"实际上是什么"或"应该是什么"的领会，与正式的课程之间会有一定的距离，从而减弱正式课程的某些预期的影响。

4. 运作的课程

"运作的课程"指在课堂上实际实施的课程。观察和研究表明，教师领会的课程与他们实际实施的课程之间会有一定的差距，因为教师要根据学生的反应随时进行调整。

5. 经验的课程

"经验的课程"指学生实际体验到的课程。每个学生对事物都有自己特定的理解，即使两个学生听同一门课，也会有不同的体验或学习经验。

二、职业教育课程的特征

（一）定向性

职业教育培养的人才都有具体行业、专业或工种的职业要求，同时职业教育中的普通文化课程也要求体现出一定的职业性。因此，职业教育课程定位于特定的职业或职业群，具有职业的定向性；区域经济发展的差异与行业技术水平的高低，对同一职业领域的人才规格又有特定的要求，职业教育课程带有区域和行业特色，具有区域或行业的定向性。职业教育课程定向性的特征，要求有关部门采用职业分析的方法来制订相应的课程方案和课程标准。强调职业教育课程的定向性，并不意味着否定课程的适应性，要在课程开发中注重学生适应性从业能力的培养，因为离开行业、企业参与的职业教育课程的开发、实施和评价是难以有效果的。

（二）应用性

职业教育作为一种目的在于从事职业的准备教育，一种以学习将来的职业生活所需要的知识和技能为目的的教育，要求学以致用、学以谋生。在课程内容上，紧密联系实际生产、服务和管理等职业实践，注重实际工作经验的积累和职业领域中所涉及的职业道德、职业规范和职业技能的整合，注重知识的实际运用，关注运用的条件、方法、手段及效果的评价等，而不是过分强调原理分析和理论推导，因此具有应用性的特征。强调职业教育课程的应用性，并不意味着否定课程的基础性。在注重职业教育课程应用性特征的同时，要在课程开发中注重个性发展所必需的共通性的基础技能、知识和行为方式。

（三）实践性

职业教育课程是一种包含实验验证、实训模拟、代岗实习、代岗作业、创作设计等内容的课程。毕业就能顶岗工作或短暂的适应期后就能适应岗位工作，是社会用人单位对职业教育毕业生的要求。职业教育作为为具体工作做准备的教育，培养的学生必须能有效地完成工作任务。学习知识最为有效的途径是实践，因此职业教育的学生在学习过程中应尽可能地与工作实践相结合。把工作实践过程设计成学习过程，是职业教育课程的内在要求，是职业教育课程实践性的重要体现。

（四）中介性

职业教育的中介性是指职业教育在人的发展和社会发展之间、教育和职业之间的特殊位置。也就是说，职业教育促进人的个性发展和社会进步，不是"普通性"或者"特殊对象性"的，而是直接对应社会需要和个人生存的，是促进科学精神与人文精神的结合，促进社会发展需要的个性素质的提高，是使人的个性更适应社会直接需要的发展、提高和更新的中介加工，是其间最基本的桥梁。基础教育和高等教育都担负着将"自然人"培养成为"社会人"的中介职责。社会人的一个重要标识就是职业化。

三、职业教育课程的类型

在职业教育课程理论与实践中，用不同的维度可以区分出不同的课程类型。

（一）按课程教学形态分为学科课程与活动课程

学科课程以学习学科知识为主，教学形态以课堂教学为主。学科课程在内容的组织上注重纵向的顺序及系统性、连贯性，偏重理论，强调形式训练和知识的迁移，传授知识的效率高，但对学生的技能训练、情感陶冶等较为忽视，因而较难达到使学生自觉地将理论知识应用于实践的目的。从职业教育课程形态的现状来看，主要还是学科课程，仍需进行改革。

活动课程以让学生增加感受、体会为主，教学形态以走出课堂为主。活动课程打破了学科逻辑组织的界限，重视学生学习的主动性，注重知识同实际生活的联系，重视直接经验的作用，强调从"做中学"，培养学生手脑并用的实际能力，重视学生的个性差异等，因而有利于克服学科课程的某些弊端。

在职业教育实践中，活动课程是指有计划、有目的地组织、安排一项或若干项实验、实习、设计、操作等专业性实践活动，使这些活动本身成为一种课程或一个课程单元。实施活动课程的目的主要是让学生通过活动巩固所学的知识、技能，同时通过主体与客体的相互作用，将分散的知识、技能整合、协调起来，使之前学到的知识、技能具有更广泛的迁移性，使学生在真实或模拟的职业工作情境下能够灵活地运用学过的知识和技能，甚至创造出有效的工作方式。

（二）按课程管理和设置的要求分为必修课程与选修课程

必修课程是由教育部门或院校规定的，学生必须学习而且要达到规定标准的课程。选修课程不是教育部门或院校规定必须开设的，学生可以在一定范围内选择学习。选修课程又可以分为两类：一类是院校规定学生必须在若干课程中选择学习一门或几门，称为"限定选修课程"；另一类是并不规定选择范围，院校允许学生在院校开设的所有课程中选择学习，称之为"自由选修课程"。

（三）按课程实施阶段分为建议课程、书面课程、感知课程、教授课程、体验课程、评价课程

建议课程是指由研究机构、课程专家提出的应该开设的课程；书面课程是指教育行政部门规定的教学计划、教学大纲；感知课程是指教师感觉到的课程；教授课程是指课堂上实施的课程；体验课程是指学生实际体验到的课程；评价课程是指评价者能够评价到的课程。

（四）按课程的功能分为公共基础课程与专业课程

公共基础课程偏重人格修养、文化陶冶及艺术鉴赏，与专业知识相配合，兼顾学生继续学习的需求，一般包括德育课程（含职业素养课程、活动课程和社会实践等）、文化课程、体育与健康课程、艺术类课程，以及本专业有别于其他专业的基本能力培养等。

专业课程提倡理论实践一体化，以实践为核心，辅以必要的理论知识，兼顾学生就业或继续进修学习所需的基本知识和能力培养，一般包括专业基础课程、专业（技能）方向课程、专门化实训和顶岗实习。

第二节　职业教育课程改革的必要性

课程改革是为了扬长避短，消除缺点，扩大优势，促进教育目标的实现。课程改革并不是为了改革而改革，而是以目标为导向，结合社会发展、地方经济特征、教育发展规律等对课程进行调整。我国的职业教育尚不完善，改革是不断突破和发展的动力，只有在改革中及时调整，吸收更多利于高职院校发展的元素，才能使自身的发展和时代的发展一致，从而实现教育最本真的价值。

一、职业教育课程开展现状

截至 2020 年末，全国已有职业院校 1.15 万所，在校生 2857.18 万人；中职招生 600.37 万人，占高中阶段教育的 41.70%；高职（专科）招生 483.61 万人，占普通高等教育的 52.90%。随着职业院校规模不断扩大，培养目标也发生了巨大变化，但职业教育的思想观念、制度环境、体制结构、办学机制和培养模式不能很好地适应新形势的要求，还停留在原来的教学模

式上。从教材上看，目前所用的专业教材仍停留在传统教材的模式上，本科和大、中专一体化，只有厚薄、繁简的区别，教材和教学内容不能适应，远远滞后于现实社会日新月异、高速发展的情况。从教法上看，基本延续着传统的教学模式（讲授法、满堂灌），培养技能型人才的教学目标没有落实到位。从用人单位的需要来看，培养的学生水平与质量都还存在着较大的差距。教学质量是学校生存和发展的生命线，课程改革是教学改革的关键，因此要从现实需要和长远发展的战略高度，下大决心，花大力气，有计划、有步骤地推进学科专业和课程体系的改革。

二、职业教育课程改革的必要性

（一）时代发展的强烈呼唤

随着经济全球化进程的加速，我国面临着经济结构调整、产业优化升级和科技进步速度加快的局面。在经济改革进程中，国家在建设国际化制造业基地、推进新型工业化、大力发展服务产业等各方面，对技术技能型、知识技能型和复合技能型人才的数量和质量提出了新的、迫切的要求。知识综合、技术更新、岗位复合、职业更替速度的加快，给从业人员带来了巨大的压力。他们不仅需要有一次就业和针对某一岗位就业的本领，还要有能适应转岗就业和岗位群就业的能力，甚至有创造就业岗位的创业意识和创业能力。职业教育作为技能型人才培养的主要平台，必将受到前所未有的重视，人们对职业教育的质量也将给予前所未有的关注。课程是职业教育质量的集中表现。当前，职业教育课程存在的一些问题已经使人才培养规格与社会需求之间产生了一定的距离。职业教育能不能培养出符合社会需求的人才，在很大程度上取决于课程。由此可见，职业教育课程改革是时代发展的强烈呼唤。

（二）职业教育发展的迫切要求

目前，我国职业院校的发展面临着以下三方面的挑战。第一，随着素质教育的全面推进，职校在经过几年连续扩招后，学生规模逐渐扩大。社会发展对职校毕业生的要求由数量转向质量，职业教育质量亟待提高。第二，随着高等教育体系的开放，高等技术应用型人才培养渠道的多元化，职校毕业生面临着生源市场与毕业生就业市场的双重竞争。第三，职业院校自身由于投入不足，阻碍了教学质量和办学水平的提高，面临着丧失竞争力的困境。

由此可见，职业教育课程改革不仅是职业院校发展的迫切要求，还是职业教育可持续发展的动力源泉。只有通过全面、系统、深入的课程改革，职业院校才能跟上时代和市场经济发展的步伐，我国的职业教育才会有长久的生命力。

（三）职业教育课程建设的必然趋势

所谓"职业教育课程建设"，实际上就是职业院校为了实现特定专业预设的培养目标（质量标准），选择课程内容、制订课程计划（包括排列顺序）、组织教学活动的一系列过程。由此可见，课程建设本质上是围绕特定的教育目标，解决"教什么，如何教"的问题。因此，课程建设质量是直接影响人才培养质量的核心要素。在职业院校的办学过程中，课程建设始终处在极其重要的位置。课程建设是职业院校建设的核心，课程是职业院校实现人才培养目标的主要载体，课程教学改革是高技能人才培养模式的核心要素。任何一所职业院校的水平和特色，归根结底都取决于它的课程建设。职业院校的课程建设是一项系统工程，它必须以培养符合社会需求的技能型、应用型人才为目标，必须反映学校对社会经济发展、科技进步和职业岗位的适应程度。但当前职业院校课程尚不能做到这些，唯一的出路只有进行课程改革，它是保证高职人才培养质量的基本条件。只有在职业教育课程改革的基础上进行课程建设，才能满足高职院校自身发展及社会的需求。

由此可见，职业教育课程改革是职业教育课程建设的必然趋势。职业院校要生存、要发展、要参与竞争，就必须拓宽思路，完善职业教育课程体系，提高学生培养质量。

第三节 基于内部因素的课程改革

课程改革是职业教育人才培养与提高教学质量的核心。影响课程改革的因素既来自教育内部，又来自教育外部，本书主要从职业院校实施人才培养过程中的各教育环节分析来自教育内部的影响因素，并根据文献资料、网络信息调研、问卷调查、座谈研讨、教材抽样评审等多项调研活动的数据，对中国高等职业教育课程改革的现状进行分析。

一、职业分析

职业分析是指通过一定的分析方法将职业要求模型化。高等职业教育中的职业分析是在制订人才培养方案时要对专业面向的职业领域进行调研、分析，通过产学合作，确定人才需求、职业岗位与工作要求，从而确定专业的职业定位、专业人才培养目标和规格，以此形成专业课程开发的依据。职业分析方法有很多种，采用不同的职业分析方法进行职业分析会有一定差异。① 职业分析是职业教育专业课程开发的起点和不可或缺的核心环节，职业对人才的要求是专业建设的依据。通过职业分析可以将职业对人才的要求转化为专业课程开发的基本需求，从而保证专业人才培养符合职业需要。

本书在对职业院校工作人员（包括学校领导与教管人员、专业负责人、一线教师、教辅人员）的问卷调查中关于"人才培养方案制订的依据"的统计结果如表4-1所示。

表4-1　对职业院校工作人员有关人才培养方案制订依据的调研数据

人才培养方案制订依据	选项次数	百分比（%）
行业专家集体讨论结果	81	58.3
行业、企业调研结果	44	31.7
其他学校同类方案	12	8.6
其他	2	1.4
合计	139	100.0

表4-1中选择以"行业专家集体讨论结果"为人才培养方案制订依据的有81次，占总次数的58.3%；选择以"行业、企业调研结果"为人才培养方案制订依据的有44次，占总次数的31.7%。表4-1显示了高职院校绝大多数专业是以职业分析的结果作为人才培养方案制订的依据。

关于制订本专业人才培养方案采用的职业分析方法的统计结果如表4-2所示。表4-2显示，选择市场调研法的有116次，占总次数的66.7%，显示出市场调研法作为职业教育专业职业分析方法被采用的普遍性。

---

① 孔晓华.谈职业教育课程改革多元主体的价值取向[J].职业教育研究，2008（4）：120-121.

表4-2　对职业院校工作人员采用何种职业分析方法的调研数据

制订人才培养方案采用的职业分析方法	选项次数	百分比（%）
DACUM 分析法（教学计划开发方法）	22	12.6
市场调研法	116	66.7
VOCSCUM 分析法 （就业导向的职业能力系统化课程开发方法）	11	6.3
BAG 分析法（典型职业工作任务分析法）	15	8.6
其他职业分析方法	5	2.9
未采用职业分析方法	5	2.9
合计	174	100.0

　　表4-3是通过网络调研所获得的专业建设中采用职业分析的评级数据，我们可以发现，抽样的176个专业中除有42个专业没有明确资料显示职业分析情况外，其余的134个专业中约有70%（D级以上）的专业在专业建设过程中进行了职业分析。这些专业中除有约8%（D级）的职业分析过程逻辑不清晰、得不到清楚结论外，大部分的职业分析结论清楚，可以将分析结论作为课程设计基础，指导课程建设。

表4-3　专业建设中采用职业分析的评级数据

等级	评价标准	专业数量
A	职业分析方法正确；采用行业、企业专家集体讨论形式；行业、企业专家选择、分布科学；职业分析结论清楚，可为课程设计的基础	16
B	职业分析方法正确；职业分析结论清楚，可为课程设计的基础	47
C	采用职业分析方法；结论清楚，可为课程设计的基础	45
D	虽采用职业分析方法，但逻辑过程不清晰或结论不清楚	14
E	未进行职业分析	12
没有明确资料显示职业分析情况		42
合计		176

以上调研数据表明，高职院校大多数专业在制订专业人才培养方案时把职业分析作为专业建设和课程开发的基础已经成为广泛共识和普遍采用的做法。最常用的职业分析方法是市场调研法，较少一部分专业在人才培养方案的设计过程中还能给出调研分析结果，且不乏简单明了、概括清晰之作。但以企业为主、校企合作进行专业人才培养需求分析研讨会（集体讨论）的形式，确定专业人才培养规格，形成课程开发基础的专业还不多，尤其是采用科学的职业分析方法进行职业分析的专业更为鲜见。由于对职业分析方法的掌握程度和应用水平参差不齐，这在一定程度上降低了职业分析结论对课程开发的指导作用。还有少数专业不做职业分析，凭经验或仅拿来同类专业其他院校的方案作为课程开发的依据，这是不可取的。

二、课程体系

课程体系是指遵循一定的教育理论和规律，将专业所开设的全部课程进行排序，构成的有规则的课程结构体系。职业分析的结果是职业教育课程体系开发的依据，不同的人才培养模式和课程开发方法形成不同的职业教育课程体系。在专业培养目标确定后，课程体系设计是制订专业人才培养方案的核心内容。

（一）课程类型

课程体系由不同类型的课程组成。从专业人才培养方案的调研分析情况来看，随着职业教育课程改革的推进，不仅表现在借鉴国际先进的人才培养模式，采用先进的职业分析方法与课程开发方法进行人才培养方案（课程体系）的设计，还表现在课程体系构成的要素——设置不同类型的课程上。目前，高职院校各专业开设的课程主要分为三种类型：以掌握理论知识为主要课程目标的相对系统的理论知识性课程；以掌握作为专业和专门人才基本功的专项技能为主要课程目标的基本技术技能的训练性实践课程；以培养综合职业能力、解决专业问题、学会工作为主要课程目标的理论实践一体化的综合性课程。[①]

通过表4-4可以发现，以上提到的三类主要的课程在高职院校中都有开设，还开设了职业证书认证课程、职业拓展课程等。

---

① 原爱丽.我国高职文化课程建设困境及改革策略研究 [D]. 天津：天津大学，2017.

表 4-4　对职业院校工作人员有关课程类型设置的调研数据

课程体系中设置的课程类型	选项次数
专业理论知识课程	107
专门技术技能训练课程	111
理论实践一体化课程	100
职业拓展课程	89
职业证书认证课程	99
前沿应用技术课程	30

研究再按照选项组合进行统计，统计结果如表 4-5 所示。选项组合共有 20 种，表中列举了主要的 6 种组合。其中，组合中包含所有课程类型的占 31.69%，包含前三项课题类型的占 60.4%，其他组合占 39.6%。

表 4-5　对职业院校工作人员有关课程类型组合设置的调研数据

课程类型	选项组合 1	选项组合 2	选项组合 3	选项组合 4	选项组合 5	选项组合 6	其他组合	合计
专业理论知识课程	√	√	√	√	√	√		
专门技术技能训练课程	√	√	√	√	√	√		
理论实践一体化课程	√	√			√	√		
职业拓展课程	√	√	√	√				
职业证书认证课程	√	√			√			
前沿应用技术课程	√		√					
次数	17	32	1	5	6	10	60	131
百分比（%）	12.98	24.43	0.76	3.82	4.58	7.63	45.80	100.00

图 4-1 是通过网络调研获得的数据，在抽样的 176 个专业培养方案调研数据中，有超七成专业包含三类课程。只有 26% 的专业课程类型比较单一，主要表现在有的专业仍以学科体系下的理论知识课程为主，有的专业则试图把所有课程都纳入课程体系，包括把外语和政治等基础课纳入通识学习领域，在把握改革方向上出现偏差，难以达到理论实践一体化的目标。

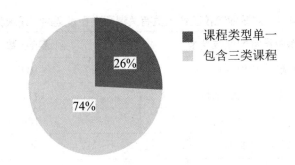

图 4-1   开设的课程类型情况统计分布

图 4-2 是在图 4-1 的调研数据的基础上进一步分析得出的。

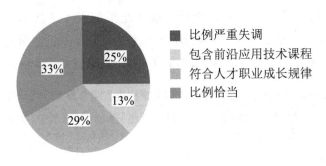

图 4-2   三类课程分布

在已包含三类课程的 123 个专业中，课程类型比例严重失调的占 25%，主要表现为理论实践一体化课程在整个课程体系中太少，有的专业只有毕业实习，导致三类课程比例严重失调，不利于学生综合职业能力的培养。能够按技能型专门人才的职业成长规律设计课程体系的占 29%，还有近 60% 的专业不能按人才职业成长规律（即从初学者到专家的过程）设计课程体系。这可能反映出课程设计者对职业人成长规律的掌握还不够，或对职业发展过程了解不多。这说明在高等职业教育中，基于学科的专业课程体系被解构以后，专业课程体系设计的理论依据尚未形成。有 13% 的专业开设有意义的拓展课程或反映前沿应用技术的课程或有职业资格认证课。这些课程能与企业要求对接，为学生更好地传递职业发展内容。

（二）课程结构

在设计人才培养方案时，应以职业分析为依据，职业教育规律和人的职业成长规律形成一个结构合理的课程体系。对课程结构的调研分析结果显示，国家示范校、骨干校和教育部高职专业教学指导委员会推出不少好的专业课程体系典型范例，这些典型范例对推动专业教学改革具有一定的示范和引导意义。然而，大多数专业课程体系的构建仍然是依据专业负责人的经验，基本上采用理论知识性课程、训练性实践课程在前，综合性课程在后的课程排序，这样的课程排序仍存在学科系统化课程排序的潜在痕迹，不符合人的职业成长规律。但也有部分专业能够遵循技能型人才的职业能力成长规律，实施从简单到复杂，技能和知识相结合，以综合性课程为主线的课程排序。网络调研数据显示，按此类课程排序的专业占专业总数的29%，以国家示范校、骨干校居多，但也有一般高职院校的专业。

（三）职业证书

对教师进行的"本专业教学中学生如何获取职业资格（技术等级）证书"的问卷调查可以发现（见表4-6），大多数高职院校都按教育部要求实行双证书制，对学生取得各种职业证书或技能证书都有要求。从培养方案的课程体系设计和教学的角度来看，职业证书的相关课程已部分融入人才培养过程当中。以何种方式获得职业证书或技能证书，与学校的重视程度、教学力量、组织方式也有很大关系，学校之间的差异导致多种取证方式并存。

表4-6　专业教学中学生取得职业资格方式的统计

取得职业资格的方式	选项次数
取证所需知识融入日常教学	74
培养方案有单独培训课程	80
课外组织学生培训和考试	74
只组织学生考试	10
不要求获取证书	3
总次数	241

三、课程与教学

课程（科目课程）是教学的最小单元，所有的知识学习、能力培养都落实在每一门课程的实施中。教学就是课程的实施过程。职业教育科目课程设置和教学是整体课程改革的重要内容。

（一）科目课程

2003年开始国家级精品课程建设启动。2007年以后专门制订了精品课程评审标准，引导职业院校与行业、企业合作开展工学结合的课程建设，注重学生职业能力的培养，突出职业教育特色。本次调研发现，经过多年的建设，已涌现出一批职业教育课程改革的优秀课程和教材，已评出职业教育国家级精品课程800余门，国家精品课程、教材覆盖职业教育的所有专业，在国家精品课程、教材建设的带动下，各地、各职业院校加强了课程、教材建设的力度，形成了国家级、省市级、校级精品课程建设体系，这些优秀成果是多年来全面进行职业教育课程改革的代表和结晶，提升了职业院校整体课程改革与建设的水平。

职业教育精品课程建设多侧重专业课程领域，公共课程的改革在高等职业教育教学中也越来越受到重视，大多是以学习基本理论知识为主的方法性、工具性公共课程。在教学这类课程时，不仅要明确高职人才培养目标，理解职业教育人才培养规律，认识其在高职人才培养中的作用和定位，还要真正承担起为学生学好专业知识与提升整体素质打下基础的重要责任。在本次调研中，对职业院校教师的问卷调查统计数据反映了公共课改革的情况，如表4-7所示。

表4-7 公共课程改革情况调研数据

公共课程改革情况	回收问卷份数	百分比（%）
全部进行课程改革	32	23.4
部分进行课程改革	93	67.9
未进行课程改革	8	5.8
未填写	4	2.9
合计	137	100.0

表4-7中的数据显示：选择公共课程部分进行课程改革的问卷占抽样调查问卷的67.9%；选择全部进行课程改革的问卷占抽样调查问卷的23.4%；选择未进行课程改革的问卷占抽样调查问卷的5.8%。这说明当前职业教育公共课程改革已经得到大部分教师的重视并开展起来，但改革效果还有待考查，改革还有待深入。

基本技术技能训练课程是职业教育培养学生实践能力的主要课程。笔者对学生进行了问卷调研，从学生回答的调研问卷结果来看，学生最感兴趣的是实践性强、可实际操作、动手训练的课程，这一选项所占的百分比远远高于其他类型的课程。这一结果提示我们，课程改革要注重对培养对象的分析与认识，基本技术技能训练课程的改革应更注意提升课程的质量与效果。

课程和教学改革最重要的任务是提高教学质量。笔者对学校教师进行了问卷调查，在"是否有本专业教学改革前后的对比评价及其评价结果"的问题中，选择"是"的问卷占抽样调查问卷的49.6%，选择"否"的问卷占抽样调查问卷的43.1%，未做选择的问卷占抽样调查问卷的7.3%。这一统计结果说明，只有近一半的院校教师进行了改革前后的对比评价，改革的全面推动、改革效果的评价与反思还有待深入进行。

（二）教学方法与考核方法

课程内容确定后，教学改革的重点是课程实施过程中教学方法的改革。如果高职课程改革得不到教学方法改革的支持，就很难实现既定的课程改革目标。

表4-8是通过网络对教学方法和考核方法评级情况进行的调研。在抽样的176个专业中，有26个专业没有明确资料显示教学改革情况。在有资料显示其教学改革情况的150个专业中，超过90%的专业（D级以上）都进行了教学方法和考核方式的改革，如采用项目教学、任务引领等现代教学方法，利用信息技术等先进教育技术建立教学资源库，课堂教学方式逐步向以学生为中心的教学方式转变。尽管教师在教学方法改革和考核方式改革方面做了很多努力，但只有不到40%的专业取得了较好效果。究其原因，可能是教师自身的专业实践还有待加强，把握现代教学法和教育技术的功力还有待提高。

表 4-8 教学方法和考核方法评级情况调研数据

等级	评价标准	专业数量	百分比(%)
A	采用现代教学方法和先进教育技术；采用以学生为主的教学方式；不同性质的课程采用不同的考核方式；效果较好	54	30.7
B	采用现代教学方法和先进教育技术；采用以学生为主的教学方式；不同性质的课程基本可以采用不同的考核方式	60	34.1
C	部分课程采用现代教学方法和先进教育技术；采用以学生为主的教学方式；部分不同性质的课程采用不同的考核方式	18	10.2
D	能注意教学方法与考核方法的改革	8	4.5
E	基本未进行教学方法与考核方法的改革	10	5.7
没有明确资料显示教学改革情况		26	14.8
合计		176	100.0

笔者还就课程考核方式的改革情况对教师进行了问卷调查（见表 4-9），其中的数据显示出考核方式改革的具体信息。

表 4-9 课程考核方式改革情况

考核方式的改变	份数
不同性质的课程采用不同的考核方式	76
部分不同性质的课程采用不同的考核方式	53
能注意考核方法改革，但未在实际教学中实施	2
基本未进行考核方法改革	2
未填写	4
合计	137

由于教学方式发生了改变，所以对考核方式也提出了新的要求。从表4-9中可以看出，大部分不同性质的课程在改革后都能注意改变考核方式，通过探索调整或找到相应的考核方法，并且对考核效果也需要进行反思评价。

以上的数据显示，大多数院校的任课教师对教学方法、考核方式的改革已有所认识，无论是在课程设计还是教案设计中，都提出了运用现代教学方法的要求，并已在学校的试点课程教学中探索应用，对不同类型的课程应采取不同的考核方式。但笔者在深入职业院校调研中发现，在教师的实施层面，这些教学方法与考核方式的改革还有待落实。大部分教师对职业教育中经常使用的现代教学方法不熟悉，所以整体来看，大部分课程中的教学方法还比较传统，落实"以学为主"还任重道远，全面实施教学方法改革尚有不少困难。[①] 从学生的调查问卷来看，学生最喜欢的教学方式是启发式与行动导向式，这也是符合职业教育规律要求的主要教学方法，因此教师需要改革传统教学方式，特别注重这些新教学方法的学习与使用。

第四节　终身教育理念下职业教育课程改革的畅想

一、终身教育理念下职业教育课程设置的原则

（一）多样化原则

终身教育体系中的职业院校是一个容纳多种学习群体的机构。处于18—22岁的学生身心发展逐渐成熟，具有更加明确的人生目标和发展需求……因此，他们知道自己喜欢学习什么、需要什么，以及最适宜学习什么。职业院校应该给学生更多的自由，让他们各取所需、各学所好。正如哈佛大学选修制课程的开拓者艾略特所言："学术自由是师生共同享受的权利……职业院校应满足学生不同的爱好和要求，不能铁板一块地安排修习科目，应当允许学生自由选课，鼓励学生独立钻研，由学生对自己的选择负责任。"要想实现这一目标，课程资源必须丰富和多样。而且，终身学习理念

---

① 潘云双 . 基于产教融合的高等职业教育专业课程改革研究 [D]. 石家庄：河北师范大学，2020.

下职业院校的课程，应超出形式、空间和时间的范畴，不仅包括各种正规课程、显性课程、学科课程，还强调隐性课程、活动课程及其他非正式课程的重要性，倡导课程的设计，要为学生提供智能发展、生活经验、与工作相关的经历等重要内容，并以融会贯通的方式，结合课堂内外不同形式的学习活动，让学生从多姿多彩和多元化的学习型社会中培养积极的态度和各种能力，满足学生多样化和个性化的学习需求。因此，职业院校的课程设置应遵循多样化的原则。

（二）灵活开放原则

封闭的系统既不交换能量，也不交换物质，只能由有序到无序，由复杂到简单，最后走向死寂。融入终身教育体系的职业教育是一个开放的系统，课程的设置应遵循灵活开放的原则。终身教育理念下的职业院校课程资源正是通过灵活性与开放性彰显自己的生命力，实现不断发展与优化的。职业院校课程体系的发展与改革的历史已经昭示了这一点。"综观整个职业院校课程体系的历史，从某种意义上可以说是从呆板走向灵活的历史。这是因为，社会发展的频度在加快，变化之速令人目不暇接。如果职业院校课程体系没有一种积极应变并随时自动调整结构顺应变化的灵活机制，将变得一筹莫展。"开放性包括两方面的内容：第一，空间上的开放性，即通过在学校、家庭、社区、社会中开发课程资源，并面向学校、家庭、社区、社会来实现学习社会化和社会学习化的双重建构；第二，职业教育内部课程体系的开放，即实现各职业院校之间的课程资源共享，为学生提供更多可选择的学习内容，实现教学资源的互补。

（三）衔接性原则

终身教育体系是一个各种层次、各种类型教育相互衔接沟通的动态优化系统，其中，教育内容（即课程）是各种教育衔接最核心的要素。因此，职业院校的课程设置还应该遵循衔接性的原则，为学习者进入另一种教育层次或领域奠定基础。对于职业院校而言，在课程设置上应与中等教育密切联系。因为职业院校的主要生源仍是中等教育，为这些学生做好课程上的衔接、提供合适的教育内容是职业院校的主要责任。此外，在终身教育体系中，职业教育不再是教育的顶点，也不再是与劳动世界相互隔离的最高教育阶梯，而是人们学习经历中的一个组成部分，是学习者继续学习的过渡环节，并且与成人教育、社区教育、职业、生活等之间的联系越来越密切。因此，高职课程也应在它们之间搭建桥梁，建立衔接机制。正如 1998 年联合国教科文组织发布的《面向 21 世纪高等教育宣言：观念与行动》所说："在一个迅速变化的世界中，职业教育显然需要以学生为中心的新视角和新模式，所以应根据职业教育与有关社区和社会各部门之间的新型伙伴关系，重新审视和安排职业教育的内容、方法和授课方式……课程设置不应局限在学科知识的掌握上，必须包含多元文化条件下学会创造性和批判性的分析及独立思考、协同工作的能力。"

二、终身教育理念下职业教育课程的设计实施

课程是教学的核心，要想推动终身教育的发展，培养学生的终身学习能力，借助课程的实施才能实现。目前，已有一些院校进行了有益的改革与实践。例如，某职业院校医学院启动的新教学模式改革，开设了专门的"终身学习"模块课程。

"终身学习"模块课程的目标主要包括以下五方面：

第一，理解终身学习的重要意义；

第二，熟悉计算机软硬件基础、计算机网络基本知识，掌握计算机网络实用技能、Photoshop 数字图像处理方法及演示软件 PowerPoint 的使用方法，初步了解网页设计的方法；重点培养医学生利用网络资源、应用软件等摄取知识、分析问题、解决问题的能力及终身学习的意识；

第三，学会利用图书馆资源，了解医学检索工具，掌握如何利用本地图书馆数据库及网络数据资源检索生物医学文献信息；

第四，在医学教育中引入循证医学的原则和方法，帮助医学生学会、掌握医学知识和临床技能的方法和技巧，认识建立在科学基础上的医疗评价的必要性，使学生形成良好的医疗实践行为；

第五，掌握人群健康研究的统计学方法，数值变量和分类变量资料的分析，配对资料的分析，直线相关和直线回归，非参数统计方法；具有新的推理思维，结合专业问题合理设计试验，科学获取资料，提高科研素质。

表 4-10 所示为某职业院校医学院的"终身学习"模块课程表。

表 4-10　某职业院校医学院的"终身学习"模块课程表

教学目的	序号	课程内容	学时
培养终身学习者，即教会学生终身学习的方法，使学生形成独立摄取知识、分析问题和解决问题的能力，为毕业后自主学习奠定基础；力求使医学生在医学院校完成正规的教育和培训多年后，还能跟上医学的不断发展	1	生物医学文献主题标引基础	95 学时
	2	计算机检索的基本原理与技术	
	3	中国生物医学文献数据库检索	
	4	Medline 数据库介绍及检索	
	5	其他中文数据库及外文数据库简要介绍	
	6	Internet 生物医学信息资源及其检索	
	7	综合练习	
	8	医学统计学方法的基本概念和步骤	
	9	数值变量资料的统计描述	
	10	正态分布	
	11	标准误和 t 分布	
	12	统计推断	
	13	t 检验与 u 检验	
	14	方差分析	
	15	分类变量资料的统计描述	
	16	分类变量资料的统计推断	
	17	直线相关、直线回归与等级相关	
	18	二项分布与 Poisson 分布	
	19	多元线性回归	
	20	逐步回归	
	21	循证医学概述	
	22	循证医学证据的检索	
	23	循证医学中常用的统计指标	
	24	临床研究证据的评价原则	
	25	循证医学临床实践	

从该医学院的整个课程体系来看，既有核心课程，也有选修课程，还有实践课程，课程结构多元。更为重要的是，课程的设计兼顾学生终身学习态度的养成、知识的掌握与实践技能的培养。将培养终身学习者作为人才培养目标和整个课程设计的指导思想，并据此设立了"终身学习"模块课程。从"终身学习"模块课程的课程内容来看，主要是培养学生的信息搜集与使用的能力、基本的学习工具与方法的掌握能力、动手操作能力、团队合作能力等。其中，基本学习技能的掌握是课程中最突出的要点，这从学院将"终身学习"模块归入核心课程的技能中可以发现。这些技能是终身学习能力中不可缺少的要素，这种课程体系的尝试值得肯定。[①] 需要注意的是，工具性知识的掌握只是终身学习能力中的一个方面，引导学生学会学习，具备批判性思维、分析与解决问题的能力更为关键。高职院校要想达成培育终身学习者的目标，必须将终身学习的理念贯穿到整个课程体系的设计、实施与评价过程中，不仅在"终身学习"模块课程中强调终身学习理念及技能掌握的重要性，还要在其他的课程中强调终身学习的重要性。

有学者研究表明："以终身学习本身作为课程开发内容的各种各样的尝试所得出的实际经验表明，这类课程并不特别有价值，因为它们无助于培养学生所需要的技能、习惯、态度和价值观。通过对现有课程内容重新定向或组织，终身学习的效果似乎要好得多。"笔者认为，终身学习作为一种理念和发展趋向，要落实和深化到高职院校的课程实践中去，并不是将所有的课程推倒重来，也不是一定要设置专门的终身教育课程，并要求所有的学生修读，这种强制性的专靠一门课程所起的作用极其有限。将终身教育理念融入整个课程的指导思想、设计、组织、实施和评价的过程中，从理念层面到制度层面全方位地予以支撑，才是培育终身学习者应该选择的根本路径。也就是说，重在如何教，而非追求外在的形式。例如，汕头大学医学院的新教学模式避免了单纯靠开设专门的终身教育课程来践行终身学习理念的做法，以终身教育原则指导和组织整个课程体系，是一种比较科学的做法，但其改革的效果还有待验证。

三、终身教育理念下职业教育课程的综合评价

课程评价是保障课程质量的重要手段。要想确保终身教育的理念渗透

[①] 于漫宇.终身教育视野下的职业教育发展研究：当代中国职业教育发展观探索 [D].桂林：广西师范大学，2016.

到课程体系中，必须要建立科学、合理的评价机制和评价系统予以保障。如果不从组织机构上采取相应的改革，建立必要的保障机制，仅仅更新课程内容或教学方式等，难以达到课程改革的目标效果。因此，职业院校必须要建立全校性的课程评价机构，同时各学院建立相应的课程评价机构，或依托校外专门的课程评价中介组织，对所有课程进行统筹和评估。[1] 由于终身教育理念下的课程更加多元、丰富，强调与生活、社会的沟通，因此课程评价的主体应该是多元的，既要有教师、专家、学生、行政人员等校内人员参与评价，也要有与课程设置密切相关的企业人士等校外相关人员的参与。评价不仅要有外部评价，还要注重主体性评价。也就是说，作为课程开发与实施主体的教师和学生，对课程的反思性和体验性评价尤为重要，因为他们作为课程的建构者和参与者，全程进行学习，评价更为客观。体现终身教育理念的课程评价标准应包括以下几项内容：是否以学习者的终身发展作为全部课程的核心目的，课程在多大程度上能引导学生自主学习，课程的综合性程度，课程结构的灵活性和丰富性程度，是否强调通用性知识与技能的掌握，对非正规课程的认可与重视程度，课程组织形式的多样化程度。

---

[1] 高利容，王叙红，苏开荣.终身教育视角下的高职课程改革 [J].成人教育，2007（11）：25-27.

第五章 终身教育理念下职业教育体系构建的招生制度

第一节 职业教育招生制度的发展历程及改革趋势

一、职业教育招生制度的发展历程

考试的本质是评价，是对教育活动达成教育目标程度的一种反馈，具有鉴定、调控、激励等功能。考试招生制度是职业教育制度建设的重要方面。经过 20 多年的探索，随着职业教育分类考试入学的考生规模不断扩大，入学途径不断丰富，政策体系日趋完善，从单招试点上升为高职分类考试，逐渐形成的"文化素质＋职业技能"评价特色是其区别于统一高考的显著特征，也是职业教育区别于普通教育在评价环节的具体体现。从伴随着职业教育改革发展持续推进、探索自主招生，到提出分类招考、注册入学，再到职教高考制度初步建立，改革从放权、放宽到不断深化，职业教育考试招生制度共经历了四个发展阶段。

（一）萌芽阶段（1995—2005 年）

自 1995 年国家教育委员会发布的《关于推动职业大学改革与建设的几点意见》提出扩大招生对象并放宽入学年龄限制以来，教育系统围绕"普通"和"成人"各自构建了以普通高校、成人高校为主体，全国统一高考、成人高考为主要入学方式，普招计划、成教计划为主要管理手段的两套管理体系。伴随着职业教育不断发展，成人教育的管理逻辑并不能完全适用于职业教育。2002 年，国务院发布的《关于大力推进职业教育改革与发展的决定》首次明确高职院校可单独组织对口招生考试。2005 年，国务院发布的《关于大力发展职业教育的决定》中提出，高职院校招生规模占高等教育招生规模的一半以上，对职业教育入学方式开始做出明确规定。

（二）初步探索阶段（2006—2012年）

在此阶段，部分地区尝试开展分类考试。2006年，教育部、财政部发布的《关于实施国家示范性高等职业院校建设计划加快高等职业教育改革与发展的意见》中提出，鼓励示范校、骨干校开展单独招生考试改革试点，赋予办学水平较高的高职院校一定的招生自主权。2013年，教育部发布的《关于积极推进高等职业教育考试招生制度改革的指导意见》中提出，加快推进分类招考和注册入学之前，分类考试均以试点的形式出现。2007年，教育部曾允许部分示范性高职院校开展单独招生试点，江苏、福建等地探索通过校招入学，可视为分类考试的开端；2010年，河南开始探索、建立高职院校注册入学制度。这些试点未能从根本上改变统一高考作为主要的招生考试方式的局面，职业院校在招生录取时作为普通高校下一层次招生的局面也没有改变，与职业教育日益得到重视的发展程度不相匹配。

（三）改革阶段（2013—2016年）

随着职业教育体系不断建立和完善，国家进一步提出对职业教育实行分类考试的政策要求，并强调在报考时间、考试内容、招生录取等方面独立进行，为职业教育高考提供政策保障。2014年，国务院发布的《关于深化考试招生制度改革的实施意见》中提出，高等职业教育分类招生考试要与普通高校招生考试相对分开，在高职院校实行"文化素质＋职业技能"考试，这标志着高职院校分类招生考试改革正式启动。山东等地开始探索实施春季高考，从实践上逐步脱离普通高考，可见高职院校在考试招生改革方面获得更大的自主权。福建等省还出台了关于分类招生考试改革实施的具体办法。

（四）完善阶段（2017年至今）

在此阶段，职业教育招生考试制度初步建立。2019年，国务院印发《国家职业教育改革实施方案》，将招生对象进一步扩大到退役军人、下岗失业人员、农民工和新型职业农民等群体，并且提出招收有工作经验的学生时将其工作实绩和能力作为录取依据。由此可以看出，招生对象不断放开，群体不断拓展，面向各类社会生源的公共服务功能兼容能力更强。而且，专业技能测试比重得到强调，考试的科学性逐步提高，如对考试科目进行调整，引入高中学业水平考试。为应对扩招带来的生源群体变化，还丰富了技能测试种类，形成技能测评、针对社会群体的职业适应性测试等多种考试形式。各地开始积极探索，如春季高考中安排本科计划、扩大技能拔尖人才的升学渠道、将英语考试引入社会化考试等，并对中职学业水平考试做出统一安排，招生中注重提高中职生的比率。虽然开展了技能测试，但是技能考核的作用仍然较弱，如有的省规定：对高中生，投档分数是文化素质考试总分加固定加分；对中职生，投档分数是文化素质考试和固定加分占70%，技能测试成绩占30%，两者相加作为总分。由此可见，相对于文化课的考核，技能考核还是作为次要依据。

二、职业教育招生制度的改革趋势

从我国职业教育考试招生制度的发展历程可以看出，职业院校的入学形式一直在变化，主要表现为以下四个趋势。

（一）考招模式：一元向多元逐渐过渡

职业教育自诞生之日起，就一直沿用统一高考制度，以统考的标准来衡量生源。随着知识经济时代的到来，科技与人才成为焦点，职业教育的考试招生形式也在悄然发生变化。尤以2013年6种招生方式提出之后，职业院校的人才评价标准更加趋向学生的个性发展，改变原来单一、刻板的招录形式，在选拔渠道上给学生提供更多机会。高考不再作为衡量人才的唯一渠道，国家也赋予院校更多的招生自主权，由各个学校单独或联合进行招生录取工作。

（二）内容选取：僵化向创新不断趋近

传统的考试内容主要是文化知识的考核，侧重考查学生识记、理解、分析、综合运用方面的能力，主要是从书面答案来决定学生的能力层次。现阶段，考试内容的选取具有较大的灵活性，衍生出"知识+技能"的考核组合。在改革中，加入创新思维，以生为本，从多元智能的开发决定学生入学内容的考核，在遵循职业教育发展规律的前提下，从职业教育的特性进行考试内容的规划。在文化基础方面，从学生的实际学习水平出发进行考试范围的把控。在技能考核方面，以职业适应性和职业技能测验为主，重点进行实际操作能力的把关。[①] 总体来看，改革已不再局限于显性文化的改变，而是更注重对内容合理性的考查。

（三）条件优化：硬件向软件逐步倾斜

现代科技发展推动和促进了考试管理的科学化和自动化。传统纸笔测试和手工操作将成为过去，以互联网为支撑的高效快捷的考试运行系统将成为时代新宠。考试的大规模纸笔化在一定程度上是对社会资源的过度使用，借助互联网技术，既可以减少人力的大量支出，又可以合理调控考场纪律，为学生提供更加和谐的考试环境。职业院校与社会企业联合办学，在条件优化中，也开始逐步采取无纸化考试，在一些资格证书考核中，开始进行电算化考量。对一些身体、生理有障碍的学生，在内容上也逐步趋向人性化。

（四）对象层次："三校生"向社会人士渐渐开放

传统的职业院校一般面向的是"三校生"（技校毕业生、中专毕业生和职高毕业生），对社会人士吸纳程度不高。然而，当前职业院校招生对象与规模持续扩大，不再仅局限于传统意义上的毕业生，而是加大对社会"有能"人士的引进。在录取时放宽对各项条件的限制，提高学生与社会各界人士参与的积极性。

总体来看，职业院校考试招生制度在历史的洗礼中，愈加向科学、合理的方向转变。以技能招生将会成为职业院校入学的主流，而在未来，职业教育的发展也势必与本科教育并驾齐驱。

第二节　中国职业教育招生制度的现状分析

职业教育招生制度是职业教育体系建设的重要组成部分，相较于普通高等教育，多元参与治理的特征更为显著，从制度建设和各地实践来看，方式更为多样。

---

① 秦春光 . 基于终身教育理念下高职院校招生制度研究 [J]. 现代经济信息，2017（1）：391.

一、制度建设现状

考试招生是我国招生制度采取的主要方式。目前，多个省份已采用提前招生、自主招生、注册入学等多种招生方式，并在实践过程中逐渐形成了一套较为完善的招生制度。招生制度主要包括三个方面：招生对象、招生方式及录取依据。

（一）招生对象：高中毕业生与多类生源并存

当前，职业院校的招生对象主要是参加高考和单独考试的普通高中毕业生。随着我国高等职业教育的快速发展，职业院校数量及其学生承载量得到了进一步提升，但在高录取率下，部分职业院校的招生情况仍不理想。2019年的《政府工作报告》明确提出了"扩招100万人"的指示，要求"改革完善高职院校考试招生办法，鼓励更多应届高中毕业生和退役军人、下岗职工、农民工等报考"。这意味着职业院校招生对象范围的扩大，不再局限于普通高中毕业的学生群体，而是将数以万计的退伍军人、下岗职工、农民工等群体纳入生源，给予他们接受职业教育的机会。招生对象的多元化在一定程度上减轻了职业院校的招生压力。以普通高中毕业生为主、以社会人员为辅的生源是目前职业教育招生制度的一大突出特点。

（二）招生方式：高考与多元招考制度共存

当前，我国职业教育的招生制度已经逐步由单一的高考模式向高考与多元招考并存的制度转变。随着提前招生、自主招生、注册入学等招生方式逐步实施，形成了多元招生方式与结构，职业院校的自主性越来越大。目前，职业院校开始尝试分类考试模式，为不同类型的生源提供不同的考试内容和录取方式。当然，由高考向分类考试转变还是一个复杂的过程，不可能一蹴而就，大部分职业院校的招生制度还是以普通高考入学为主，生源结构偏重于普通高中生。

（三）录取依据：兼顾文化成绩和职业技能

随着生源结构的变化及分类考试招生制度的逐步建立，职业教育招生制度也日趋多元化，录取依据逐渐由单一的高考文化成绩向文化成绩和职业技能兼顾转变，录取方式和考试内容已完全脱离传统的高考，更加适应职业教育的特点。虽然职业教育提前招生面向普通高中毕业生，但是多数职业院校在获得文化考试的成绩后，还会进一步组织专家对考生进行面试，主要测试考生的综合素质及职业能力和倾向。在面向社会人员的招生中，也着重强调了职业能力的测试。在兼顾文化成绩和职业技能的招生实践中，中职毕业生的招录显得尤为突出。一是在招考流程中，技能考核的权重远远大于文化考核，占总分比例较高。例如，江苏省推行的注册入学招生制度，甚至可以不需要文化成绩，考生只要满足院校提出的录取技能要求即可申请入学。二是在中职毕业生入学的优惠政策上，明确获得全国技能大赛三等奖以上及省级技能大赛二等奖以上，可以向有关本科院校和高职院校提出申请，免试进入高校的对口专业学习，进一步强调了职业技能在职业教育入学考试中的重要地位。这与社会经济发展对技能型人才的需求及职业教育特色化人才培养是相适应的。

二、各地探索实践现状

各省级教育行政部门落实国家改革要求，分批出台分类考试实施方案，实践层面不断创新，政策扩散过程中强化国家政策导向，关键政策点不断细化。其主要内容具有以下特点。

首先，各省结合区域情况及人才需求、资源禀赋等因地制宜出台了各具特点的实施细则。例如，江苏省高教资源丰富、竞争相对较小，考试呈现弱选拔特征，因此使用贯通培养形式，较好地适应了提前锁定生源的需要；山东省针对知识和技能考试分别组织命题、评卷，并对其安排少量本科计划，使报名人数大幅度增加；福建省地处沿海，考生群体类型多，由省级教育考试机构统一开展中职学业水平考试和技能测试，是最早开展中职学业水平统一考试的省份之一。

其次，各地政策扩散呈现较强跟从特征，贯通培养成为最普遍的形式。从考试形式来看，各地还从传统的"3+2"和"五年一贯制"等模式中发展出多种形式，创新各类中高职或高职本科贯通的模式，一定程度上满足了学生、社会和用人单位的需求。

最后，高职分类考试改革需要较长时间的政策软化和系统支持。例如，广西壮族自治区开展本科与专科分开考试的探索较早，由学校提出选考科目的政策设计具有前瞻性，属于统一考试、高校单独录取的尝试，但实践证明，这一改革还需要招生计划编制、录取政策等方面的支持。又如，广东省部分学校开展的"四年制试点"在人才培养效果上取得了积极成效，受到学生和企业的广泛欢迎，但由于在学位授予上未取得制度性突破，用工政策被选择性执行，就业中歧视现象仍然存在，劳动力市场评价与教育评价并不同步，使这一改革难以持续，成效止步于试点。[①]

总体来看，职教高考探索开展较早，考试形式从单一走向多元，入学途径不断丰富，考试规模逐渐扩大，服务群体进一步开放，考试组织不断完善，省级政府和高职院校的自主权不断加强，改革取得阶段性进展。

第三节　发达国家职业教育招生制度的经验与启示

终身教育理念下，职业教育如何满足社会经济的发展和人的终身学习的需求，成为人们关注的重点，而发达国家的成功经验值得我们借鉴和学习。发达国家对职业院校招生制度的改革进行得较早，这源于其社会经济发展的需要。事实上，早在 20 世纪 70 年代，一些国家的行业、企业就已积极反映教育不能培养他们所需的实际人才，而居高不下的失业率也使决策者忧心忡忡。为此，越来越多的人意识到要以终身教育理念来指导教育改革，未来的教育应为学生的职业生涯服务，沟通学校和社会的关系，为学生做好继续升学或参与职业活动、提升职业能力的准备，使学生可以自由地穿梭于教育世界和工作世界之间，实现自我的发展与完善。

在这样的背景下，作为与社会经济联系最为紧密的职业教育，必然会以满足人们不断发展变化的就业、转岗及再就业的需求，作为其安身立命的根本。一些发达国家纷纷以招生制度作为突破口，对职业教育进行改革，使之不断适应变化。

笔者主要以德国职业教育招生制度为例，具体内容如下。

一、实行注册入学的方式

当职业院校把"人人有知识、有技能、能就业"作为自己的办学使命时，就不可能随便地将任何一个有兴趣、有职业需求的人拒之门外。随着终身学习时代的到来，职业院校要面向所有人，即为任何一个有学习需求的人提供入学机会。

在德国，是否进入高等院校是个人的选择。一般情况下，德国并没有高等院校的统一入学考试，当一个人完成了中等教育，就可以申请进入高等院校。

---

① 刘兴楠.终身教育理念下高职院校招生制度研究 [D]. 西安：陕西师范大学，2016.

德国职业院校对学生的学历、教育背景等不加限制，学校不仅招收普高生，还招收那些经过多年双元制培训的学生或者工作若干年并取得一定职业资格的人员，这意味着学生在入学时普遍年龄已经偏高，由此可以看出，职业院校对学生的年龄没有限制。

由于职业教育是区别于学术教育的一种教育类型，更偏向职业性，因此德国某些地区的法律对职业院校的入学要求另有补充规定。鉴于德国应用科技大学和双元制职业大学的不同，因此在入学规定上也存在着一些差异。

（一）应用科技大学：申请入学

应用科技大学除了要求学生具备高中毕业证书或者同等学历证书，还需要学生具有 1.5—12 个月的实践证明，如此便可申请应用科技大学。学生可直接向应用科技大学的招生部门索取申请表，并将已填好的申请表及其他需要提交的个人材料邮寄至学校。

原则上，应用科技大学由求学的人直接申请即可。但近年来，由于申请高职院校的中学毕业生数量不断增加，因此一些热门的专业（如医学、法学等），其注册申请的学生数量已远远超过了学校的招生计划中拟定的招生数量。照此情况下去，应用科技大学将人满为患。但由于社会对高素质人才的需求量居高不下、有增无减，所以一些人士认为职业院校发展的关键不是要减少招生名额，而是要想方设法地扩大招生容量，尽可能使更多的人接受高等教育。

鉴于此种情况，德国应用科技大学并没有贸然地采取竞争选拔性的考试方式来淘汰学生，而是采取了一种较为温和的方式。例如，针对一些热门专业，有些学校在审查学生的申请条件时，会对申请人的受教育程度、获取某一专业资格所用的学习时间及学生已申请排队等候的时间等加以综合考虑，尽量使招生制度的覆盖面扩大，公平地对待每一位学生。

（二）双元制职业大学：签约＋注册入学

双元制职业大学同样对学生的学历有着基本要求，但不对学生的实践经历进行要求，不过需要与一家企业签订双元制职业教育合同，先成为企业的一员，然后再到与该企业合作的职业学院注册入学即可。

由于职业教育与普通高等教育相比，具有较高的就业率，因此吸引大批学生放弃读普通大学的机会而选择就读高职院校。例如，德国双元制职业大学的学生数量就在逐年增加。数据显示，自 2008 年以来，德国双元制职业大学入学的学生数量以每年 15% 的比例逐渐增加；2020 年，德国双元制职业大学的在校生数量有十几万人，而且这一比例仍有上升的趋势。

不仅如此，当前德国高职院校的整个招生规模都有不断扩大的趋势。但因德国高等职业院校由各个州自主管辖，不受《职业教育法》的约束，因此企业在高校招生方式的制订有很大的自主权，这样一来，高职院校招生制度易与终身教育理念相契合，能够为高职院校的可持续发展和学生的终身学习提供保障。

二、进行个性化的资格审查

发达国家为了贯彻终身教育的理念，为了职业院校生源群体覆盖面更广，在招生时普遍采取注册入学的方式，学生只要具备一定的资格便可申请入学。虽然这样的入学条件并不高，但总会有一部分人因各种原因，暂时没有达到，或者已远远地超过了规定的条件。

终身教育理念下的职业教育是面向全体公民的。学习型社会中，每一个人都是学习主体，这个时代的学习活动具有个性化和多样化的特点。因此，我们不能将此作为一项硬性规定，让所有的学生都整齐划一地执行。体现在资格审查的过程中，应该加入一些人性化的措施在里面，真正做到以人为本，为人们进入职业院校学习提供最大程度的便利。

一方面，我们要尊重并承认这些差异，以开放的姿态接纳全部有职业需求的人。当遇到还不符合入学条件却想获得继续教育机会的学习者时，我们要采取一定的措施，尽可能帮助他们达到入学水平，而不是无情地拒绝。这样会使越来越多的人有机会返回学校去获取新的知识与技能，增强他们的自信心，促进其职业生涯的发展。另一方面，我们要允许学习者带着这些差异在职业院校里"各取所需"，并且尊重学生的个性差异。例如，若学生当前的实际水平已符合该学院某个专业对某个能力的要求，就可以为学生的已有能力授予学分，使学生将学习重心放在还没有掌握的知识和技能上，以避免不必要的重复，这样便于对学生因材施教，使学生不论何种基础都能够以一个合适的起点，在职业院校里实现无缝、无断点地学习。

虽然德国的职业院校规定学习者必须具备双重入学资格，但德国并没有将未达到条件的学生无情地淘汰，而是采取更加人性化的制度，充分体现教育的公平。德国的学校体系始终特别强调过渡性建设，即"立交桥式"的学校制度。德国会根据每个学生的实际情况，通过采取一定的补救措施，帮助他们获得进入职业院校的资格。这是一种类似于补习性质的过渡模式，这种模式遵循查缺补漏的原则，发挥教育转换中心的作用。①

德国是双轨制教育体系的主要代表。具体来说，德国在中学阶段就根据学生的学业成绩进行了分流教育。其主要分为两种类型：一是文理中学，文理中学的毕业生可以选择继续读完文理高中，也可以选择上中职学校；二是主体中学和实科中学，这两类学校的毕业生会选择上中职学校，但前提是已获得初级中学的毕业证书。若因某些原因未获得初级中学的毕业证书，也有中等职业学校可上，但入学后要先进行一年的职业准备教育，然后才能学习正式的课程。需要特别指出的是，德国的中等职业教育属于义务教育，所有适龄学生都可自主选择中等职业学校，学校在录取时不设置入学门槛。从这个意义上讲，德国的适龄青年基本上都至少接受过中等职业教育。

因此，德国高等职业院校的生源基本上是普高毕业生。对此类学生，德国分别采取了不同的补习措施。针对毫无实践经验的文理高中毕业生，要想进入应用科技大学，就需要进行三个月左右相关专业的实践经验的补习教育，而双元制职业大学则无此要求，只需要获得企业的一份合同即可。

可以说，德国的教育摆脱了传统的束缚，而且接受职业教育并不意味着教育的结束，他们仍然拥有一系列继续深造的机会。

这启示我们，双轨制教育体系的成功，一定以普通教育与职业教育并行发展的实现为前提，不能为了一方的发展而以牺牲另一方为代价。同时告诉我们，成功的教育一定是以尊重学生的个性为前提的，尽管在教育过程中会根据学生兴趣和智力的不同进行各有侧重的教育，但不管教育经历如何，其学习成果都应该得到承认。

三、提供周到的指导和咨询服务

通过对专业和职业之间关系的分析，可以发现，某个专业的选择，在某种意义上就等同于某种职业的选择。即便未来职业更替变化频繁，但一个人的职业选择范围或多或少地会与他所学的专业有联系。也就是说，虽然专业并不能决定一个人从事某种特定的职业，但基本上定义了他未来的职业范围。而职业又是人一生的事业，因此对于个人来说，选择了最好的专业等于为未来开了一个好头。

那什么才是最好的专业？可以根据学生的志愿填报率来评判专业好坏

---

① 胡青，吴勤仂，付明明.试论终身教育与自学考试制度改革[J].技术经济,2006(6)：26-29，36.

吗？其实，最适合你潜能发展的专业便是最好的专业。具体来说，选择最使你感兴趣、最能勾起你学习欲望，以及与你个性最相适应的专业，才是最好的专业。如果某些学生由于之前的经历，并没有机会接触到与专业有关的知识，那么怎么判定什么专业就是最适合自己潜能发展的，以及自己的潜能是什么？有没有一些人或者方法能有效、便捷地找出我们的职业潜能呢？在这方面，发达国家也给了我们很好的借鉴，如德国在整个招生过程中都给学生提供了周到的指导和咨询服务，具体做法如下。

德国职业院校在招生过程中注重为学生提供指导和咨询服务，其最大的特点在于招生人员的专业性和招生过程的科学性。

以巴登符腾堡州职业学院为例，其招生程序如下。首先，学生报考学校时，先浏览企业公布的招聘培训大学生的公共信息，并通过职业介绍中心选择自己期望的实践企业。其次，企业根据相关的规定，通过以下三个步骤选择学生。第一步是初步筛选，即翻阅申请学生的简历，对学生以前的学习经历进行审核；第二步是笔试考查，即主要测试学生对知识的掌握程度；第三步是挑选候选人，即对学生进行分组，使每一位学生与团队合作完成项目，综合调查学生的职业潜力。最后，确定候选人，并给出建议。如果学生满足企业的要求，可以与企业签订培训合同，正式成为该企业的一员，企业也会根据考生具备的或潜在的职业岗位素质和其他原因，帮助学生选择适合他们学习普通文化课和专业理论课的职业大学。如此，学生便成为企业及学校共同培养的目标了。

通过招生程序，可以发现以下两点。第一，在整个招生的过程中，企业充当了学生职业潜能的发现者和鉴别者。由于企业人员长期工作在一线，与职业学院的教师相比，往往更加熟悉职业岗位任职者所需要的资格条件。同时，因有着较丰富的经验和阅历，能够凭借自己的直觉，把握学生的综合素质和职业潜能，快速引导和帮助学生发现自己的职业潜质。因此，在招生中对行业和企业的专业人才和能工巧匠的引入，会使考核更紧密地与行业和企业现行的人才需求相结合，使职业院校招生更加科学。第二，整个过程都以尊重学生的差异为原则，以服务学生为目的。德国十分重视学生的主动性，使学生全身心地参与招生过程。同时，招生制度的设计以学生的兴趣和爱好作为出发点，以学生的职业生涯发展作为最终的目的。我们知道，兴趣是最好的教师。据有关资料表明，假如一个人对他所从事的工作不感兴趣，那么他在工作中也只能发挥其全部才能的20%—30%，但若一个人对他的工作兴趣极大，那么就有可能发挥他全部才能的80%—90%。从这一数量关系可以得出以下结论：学生在选择专业时应尽可能遵从自己的兴趣，这样鉴于专业和职业的关系，我们极有可能会有一个成功的职业生涯。

第四节　终身教育理念下对职业教育招生制度的思考

一、进一步扩大职业院校自主招生的权限

通过对现阶段我国职业院校招生制度存在问题的分析，并借鉴国外职业院校招生制度的成功经验，发现我国职业院校之所以无法承载终身学习之重，其最大的阻碍在于各院校自主招生的权限有限，缺乏人性化，无法真正贯彻"以服务为宗旨、以就业为导向"的理念。终身教育理念下，职业院校要以满足人们的终身职业需求为发展动力，而以政府为主导的招生模式无法与此相适应、相契合。因此，扩大职业院校自主招生的权限是未来发展的必然趋势。

终身教育理念下，扩大职业院校自主招生的权限是职业院校招生制度改革的趋势，这不是凭空想象的，而是建立在一定条件上的。归纳起来，主要体现在以下三个方面。

（一）有利于职业教育回归面向人人的本源

虽然职业教育与普通教育都是培养人才的教育，但两者是有区别的。普通教育的层次越高，越需要以一种合适的选拔方式来挑选学生，最后精心选拔出来的学生才是极具学术潜力的人。职业教育是一种面向人人的教育，不管层次有多高，它的目标总是将每一个人培养成能够适应社会发展、具有职业胜任力的人，而不管你多大年龄、什么背景及教育基础如何。从这个意义上讲，职业教育是一种生存教育。但当前我国职业教育却被异化了，它被看作高等教育的一个层级，和普通教育一样，是一种选拔人、淘汰人的教育。因此，我们需要改革，使职业教育回归本源，而自主招生为我们提供了一个机会。自主招生与以往的招生制度相比是一大进步。具体来说，当职业院校拥有自主招生权时，就可以根据自己学校的特色，自由设置专业、制订招生计划，采用合适的方式，将那些能够适应学校培养模式的学生容纳进来，这样不仅有利于职业院校办出特色，还有利于学校的可持续发展，对构建完整的现代职业教育体系也是一次有力推动。

（二）有助于加快与国际高等教育的接轨和融合

发达国家的高等职业院校都有招生自主权，如美国开放性的自主招生制度。美国高等职业院校的招生对象比较广泛，不仅包括在校的高中生及高中毕业生，还包括各类社会人员，且不受年龄及种族等的限制。尤其是社区学院，采取注册入学制，这是对自主招生制度的进一步探索和实践，不仅招收所有居住在该社区学院所在地区的具有高中毕业证书的求学者，还招收高中未毕业但通过高中同等学力考试达到本州中学所要求的最低水平测验的人。虽然社区学院要求学生提供考试的成绩，但成绩往往只是作为分班的参考。除了美国，其他国家也都呈现出开放入学的特征，这些国家的成功经验可以为我国职业院校的发展提供有益的借鉴，同时有助于我们较快地融入国际职业教育的潮流中去，并且加强国际教育的交流和合作。

（三）有利于学生选择权的扩大

在传统的招生录取模式下，即便考生符合多所职业院校的投档条件，其档案也只能被投放到一所院校，再由职业院校根据其招生章程和程序决定学生是否被录取及所录取的专业。当采取自主招生，甚至是更加开放的注册入学制度时，学生的角色会发生变化，可以从"被选择者"转变为"主动选择者"，实现"一档多投"。这些院校同时审阅考生的档案，然后向学生发出拟录取通知，最终的结果则由考生自己决定。考生可以根据自己的爱好和兴趣选择学校和专业，同时可充分结合自身的实际情况，尽量使学校和专业的选择与自身的特长相匹配，这充分体现了对学生选择权的尊重。采取真正意义上的自主招生的录取方式，不仅可以推进学生和学校之间的双向选择，改变由学校主导的模式，还可以更好地彰显教育的公平。

二、领会终身教育理念下自主招生的意蕴

目前，我国职业院校的招生制度改革已出现了自主招生和注册入学的招生方式，这与传统的招生制度相比是时代的进步。但由于正处于试点探索阶段，对理念的把握尚不十分明确和清晰。当前职业院校自主招生的设计初衷是为职业院校选拔优秀人才，所以极有可能成为与普通教育并行的另一条升学通道。在知识经济时代，职业教育应是面向人人的，以实现人们的终身学习为发展目标。因此，我们需要以终身教育理念为指导原则，并以领会终身教育理念下自主招生的意蕴作为研究重点，使我国职业教育真正成为构建学习型社会的一支重要力量。

（一）自主招生性质：凸显服务性，淡化选拔性

现阶段，我国职业院校的自主招生还处于选拔性阶段，造成这种局面的原因有以下两个方面：一方面是职业教育招生制度仍然没有从普通高等院校中脱离出来；另一方面与我国目前职业教育自身的发展水平有关，还没有能力容纳更多的学生。但这并不是一成不变的，我国的科学技术仍在飞速发展，经济也在快速增长，将来职业教育的招生人数肯定会逐渐增多。在这一过程中，人们对职业教育的观念也在发生着变化，人们普遍认识到接受职业教育是我们职业生涯中必不可少的一部分，并渐渐成为人们最基本的生存方式。在这样的职业教育中，自主招生的选拔性功能会进一步淡化，而服务性功能会成为其最基本的功能。那时，职业教育才是一种面向人人的教育，真正回归了本真，有利于人们终身学习意识的增强。

（二）自主招生出发点：凸显职业需求，淡化升学需求

在知识经济时代，终身学习已经成为这个时代的主题，职业教育的生源市场也逐渐从买方市场转向了卖方市场。潜在生源市场的广阔性，使职业教育看到了希望，这是维持学校生存和发展的外在基础。但若要使潜在的生源成为真正的现实生源，职业院校就需要做出改变。

在学习型社会，学生是否接受职业教育，完全取决于个体的需求，因为有需求才会有动力。职业院校要想拥有生源并想办法保留或者吸引更多的生源，就必须改变自己办学的出发点，满足学生的需求。

具体来说，若职业院校仅是解决升学问题，那么其在未来发展的空间会越来越小，并逐渐与社会脱离。这对职业教育，乃至国家的发展都是不利的。

因此，在终身教育理念下，满足不同群体职业需求的能力是学校持久发展的内在动力，开放入学的程度也成为衡量一所学校办学水平的标准。职业教育改革的迫切任务是促进其教育功能从满足学龄人口升学需求向满足包括学龄人口在内的社会成员的学习需求转变，而且高等职业教育发展的动力也应该由教育系统内部的升学拉动向社会发展需求拉动转变。高等职业教育的未来应该逐渐从被动地接受教育分流任务变为主动地为个人终身职业需求服务。

（三）自主招生开放程度：有限开放向最大化开放发展

当前，职业院校为了选择优秀生源，极有可能陷入"掐尖战"。因此，

考虑生源的特长或专长或许会成为职业院校实施自主招生的首要目标。

在终身教育理念下，职业教育在满足"有业者"乐业时，也要为"无业者"有业考虑。获得职业是每一个人维持生计最基本的保障。因此，职业教育应满足人们最基本的生存需要，成为提升整个国民素质的场所，而不仅仅为某一部分人的发展而存在。

职业教育在实施自主招生制度时，绝不能只限于培养个别的职业人，更要为了所有人都能获得职业而存在，这才是职业教育的本真，也十分符合国际职业院校的发展趋势。

前面提到的"开放入学""宽进严出"一直是发达国家和地区职业院校的通行做法，他们实施自主招生制度已不全是为了学生个性的发展，而是站在了提升国民素质使每一个人都能获得最基本的生存能力的高度。因此，自主招生既然要开放，就要尽可能地满足所有人的学习需求，实现最大化开放，这才是未来学习型社会最理想的状态。

三、促进职业院校自主招生制度的实施

笔者通过回顾国际职业院校的招生制度，在借鉴国际成功经验的基础上，结合中国自身发展的水平和遇到的困难，对我国职业院校自主招生制度的实施提出以下建议。

（一）分阶段、分区域设定入学条件

当我国的职业院校真正达到普及化程度时，会采取开放式的入学形式，学生只需要提供中等教育的学历证明即可。但当前的国情告诉我们，还没有达到上述条件，因此为了我国职业院校能更好地达到理想的发展状态，这一过程需要分阶段、分步骤实施。

第一阶段，当职业院校还没有能力满足所有人的学习需求时，考试是一种能够保证公平的手段。但在这一过程中，要明确考试重点，对文化科目的要求仅限于中等教育毕业的程度，即达到合格的程度便可，其选拔的作用不大，几乎所有的学生都能达到。对职业技能的考核，其所占比例可以加大，试题可以由学校的专家、学者，以及行业、企业相关人员共同开发，其水平要根据需要达到我国职业资格证书体系中的相应水平。[①]

---

① 赵卿敏.试论成人高校招生制度改革的方向和路径 [J].当代教育论坛，2007（3）：125-127.

第二阶段，当中等教育的质量能够得到保障，我们可以充分信任中等教育毕业考试时，文化课可以免试，学生只需要参加技能方面的测试，分专业进行，并给学生提供咨询服务，以引导学生主动选择适合自己的方向。在这一阶段，职业资格证书包括技能证书等都可以作为学生入学的依据。

第三阶段，当职业院校的容纳量达到最大的时候，考试可以免去，只需要学生提供相应的学历证明即可，即便没有相应的学历资格，依然可以通过一定的补救措施达到基本的入学水平。虽然这时仍要对学生的专业进行测试，但这时的测试不具备选拔性，只是对学生进行评价，以便学校更好地安排课程的进度，关注学生的个性发展，从而实现因材施教。

由于我国是一个幅员辽阔的国家，各省、各地区的经济、教育等发展水平存在一定的差异，因此，在某一段时期，职业院校并不能同时全面地实施开放式入学制度，这是十分正常的现象，我们要理解这种情况的存在。因为我们绝不能为了所有的学生都能接受高等职业教育，而放弃对职业院校生源质量的保障，这对学校的长远发展来说是不利的。因此，我们要分阶段、分步骤、分区域的逐步达到职业教育的理想状态，不能急功近利。

（二）依靠内涵建设，加强质量管理，把好"出口关"

职业院校全面实施自主招生，降低入学门槛不是最终目的，培养学生"人人有知识，个个有技能"才是共同追求的目标。

虽然职业院校拥有招生自主权，但要实现可持续发展，不是打开入口招来学生就简单了事，必须严格把好"出口关"。否则，毕业生的质量会直接影响学校的声誉，进而影响学校今后招生的数量。

因此，职业院校不必追求大而全的发展，当前应集中精力进行内涵建设，办好学校的优势专业，打造自己的品牌，吸引更多的优质生源。同时，职业院校应该严格执行其制订的培养标准，学生入学后可以按照适当的比例来实行淘汰制，若学生的学业成绩不合格、技能达不到标准或者品德不好时，不准许其毕业。因为毕业生的素质和能力水平是鉴别职业院校文凭含金量的试金石，也是确保学校未来可持续发展的前提条件。

（三）为学生提供职业指导和咨询服务

为了完善我国现行的招生制度，避免学生选择专业的盲目性和非科学性，学校应该为学生提供周到的指导和咨询服务，具体做法如下。

首先，职业院校应该成立专门的指导和咨询服务部门，便于学生在报考之前随时联系学校或者教师了解相关情况。

其次，在招生的过程中，尽可能为学生安排面试的环节，使学生和教师能够面对面交流。职业院校作为选拔学生的主体，往往有着专业的眼光、经验和方法，通过与学生进行交流沟通，能够很快地帮助和引导学生发现其职业倾向和潜质。在这个过程中，还应该有企业或行业专家的参与。若面试官只限于该学校某一个院系的专家、教授，虽然他们在本专业领域的权威不容置疑，但由于长期从事理论教学的工作，对专业岗位，尤其是企业一线的岗位人才需求经验不足。因此，面试官成员的多元化，能够从多方面、多角度对学生进行评价，尽可能以较为科学的方式使学生的职业潜质和能力得以全面、准确的评判。

最后，由于专业测试并不是万能的，因此应赋予入学后的学生一次转专业的权利。同时，要注意不能随意设置门槛，尤其是不能以成绩作为调换专业的限制，应对所有学生一视同仁。在此过程中，要配备专门的教师，引导学生不要盲目跟风，使学生的每一次选择都能对今后的职业生涯有所帮助。

每个时代都有自身的独特性，而构建学习型社会是知识经济时代的最强音。因此，我们需要顺应时代的发展和满足人们最真实的需求，构建并依托新的教育制度，为我国的职业教育与培训铺就进入学习型社会的道路。职业院校招生制度作为一项重要的教育制度，在很大程度上决定了人们受教育机会的获得和实现。可以说，它的设计合理与否，对我们能否通向终身学习时代起着至关重要的作用。

此外，招生制度也是教育领域综合改革"牵一发而动全身"的重点领域和关键环节。因此，它的改革需要我们在进行认真研究和调查的基础上做出最合理、最科学的选择。通过对发达国家职业院校招生制度成功经验的分析发现，这些国家的职业院校普遍实行自主招生制度，而自主招生权限的扩大有利于学习型社会的实现，是与终身教育理念最契合的一种选择。这一选择不为学校选拔最优秀的学生，也不为个别学生的升学服务，其终极目标是要实现学校可持续发展和所有人职业生涯顺利的双赢。

但改革从来不会一蹴而就，也不可能一帆风顺，尤其是在当前已形成根深蒂固的观念和实施多年的招生制度面前，还处在初步探索阶段的自主招生，甚至更加开放的注册入学制度，不免会出现一些问题，从而遭到人们的质疑，进而影响它的进程。例如，放开职业院校的招生自主权，有些学校很可能会为了解决生源危机、争抢生源而降低自主招生的入学门槛。特别是当前我国重学历的社会现状和氛围并没有改变，一些学生很可能只为获得高等教育的文凭而选择门槛较低的学校，使得短期内次等教育充斥市场，从而影响职业教育质量的整体发展。但从长远来看，这也是对职业院校一次严峻的考验，因为在一个成熟的招生市场面前，只有那些在扩张的同时还能保证质量的职业院校，才是最终的赢家。因此，有问题不可怕，只要我们不放弃，坚持以终身教育理念作为改革的向导，不断地去解决自主招生制度实施过程中出现的各种问题，一定会获得人们的认可。我们有理由相信，未来的职业院校一定可以承担起人们终身学习的重任。

第六章 终身教育理念下职业教育体系构建的评价机制

第一节 职业教育评价的理论知识

一、职业教育评价的价值取向

（一）目标取向

职业教育评价的目标取向是指将一定的教育目标、教学目标与教学内容、教学效果、课程计划进行比较，采取量化的方法来查验实际活动达到教育目标和教学目标的程度。这种目标取向的职业教育评价是受泰勒思想的影响，他的研究思路紧紧围绕"目标"开展有关课程和教学内容。但笔者认为，目标取向的职业教育评价只是片面地继承了这种以"目标"为导向的评价思想，将要评价的内容、要素均以一定的教育目标为标准采取量化的方式来进行。这里的"片面"是指目标取向只是单纯地继承了泰勒原理中以目标为导向的课程和教学活动的思想，而忽略了泰勒在有关评估程序的研究中强调通过采取构建的方式来获得有关教育目标可能隐含的行为的思想。因此，笔者认为，职业教育评价的目标取向只能说是从某种程度上受到了泰勒教育思想的影响。

同时，职业教育评价的目标取向在本质上还受到了"科技理性"或"工具理性"的影响。科技理性追求事物的科学性、准确性和效率化，其本质是通过对事物进行严格的控制来达到高效完成目标的目的。在这种思想影响下的职业教育评价目标取向，为达到一定的教育目标，会采取量化控制的方法对客体（即学生）进行判断。在这一过程中，完全忽视了"人性"的存在，而将其视为"工具"，只是为达到一定目的而进行测验，并以此改进。目标取向是职业教育评价最初的一种形态，它在实践操作方面具备简便易行的特点，并一直处于主导地位。从某种程度上讲，它有一定的可取性和适用性，但最大的缺点是忽略了学生或被评价者作为人的存在，与21世纪所提倡的可持续发展和全面发展的价值观相悖。

（二）过程取向

随着时代发展及人性的解放，人们意识到目标取向评价的弊端，开始探索目标取向之外的课程评价，这就是过程取向的评价。职业教育评价的过程取向受"实践理性"思想的影响，实践理性强调人在实践中获得经验的过程，注重主体与客体、人与世界的交互作用，更多地关注实践过程的价值。从字面意义不难推断，职业教育评价的过程取向是将学生与教师在课程设计与开发、实施及教学过程中的全部情况和因素都纳入职业教育评价的范围，即注重过程的评价。它不再仅以预定目标作为评价内容，而是主张一切与教育活动相关的内容都应纳入评价中来。同时，过程取向的评价认识到了学生或被评价者作为人存在的需求，在评价方法上不再只有量化评价，而是将质性评价也纳入进来。

职业教育评价的过程取向相对于目标取向有了很大的发展，它不再仅仅关注目标，而注重职业教育评价主体与客体的交互作用，开始强调学生和教师的主体性。但它没有完全脱离目标取向的影响，评价者与被评价者仍然是以不平等的关系而存在，学生或教师在评价中的主体地位并没有被充分肯定。

（三）主体取向

职业教育评价的主体取向将涉及评价的各方看作意义建构的过程，具有以下两个优势：第一，继承并发扬了过程评价中注重过程的价值观；第二，诠释了"主体"的独特性和不可替代性。

职业教育评价的主体取向受"解放理性"思想的影响。"解放理性"思想主张对"人性的释放"，即充分发挥被评价者作为人而存在的主体性和创造性等特征，并且使人的权利和地位得到充分尊重。在"解放理性"思想的感染下，职业教育评价的主体取向在实践活动过程中将评价者与被评价者、学生与教师置于同等且不可缺少的地位，本着相互尊重、相互理解的原则，力求在职业教育评价这一建构过程中达到并获得一定的共识和共赢。同时，主体取向的评价主张评价不是最终的目标，而是使被评价者接受、认同评价结果并以此做出改变，这是其最终目标。相较于目标取向和过程取向的评价忽视被评价者对评价结果的看法，主体取向的评价把被评价者完全放在了主体的位置，提高被评价者对评价结果的认同度，并促进被评价者主动改进和自我完善。主体取向的评价更多的是学生或被评价者的自我反省和自我评价。换句话说，学生或被评价者是积极主动地参与到评价中来，而不是借助外部的行政管理手段，只有这样才能真正发挥职业教育评价促进和完善评价对象发展的作用。主体取向评价主张质的评价方法，反对量的评价方法，即将人作为独立的存在，每个人的发展方向、价值取向、发展程度各有不同。因此，针对不同层次、不同取向的主体应进行区别化的职业教育评价，这也是职业教育评价主体取向的一个基本特征。

在 21 世纪的多元文化、多元价值观下，在追求可持续发展、全面发展的教育观念下，在尊重差异、尊重人性的理念下，主体取向的职业教育评价无疑体现并引领着当今职业教育评价改革的时代精神。

二、职业教育评价的常规模式

（一）目标评价模式

目标评价模式是泰勒在 20 世纪 30 年代主持"八年研究"工作过程中整理出的一套较为完善的评价模式，并将这套完整的评价模式写入了他的《课程与教学的基本原理》中。泰勒在这本书中主要解决了四个问题，即学校应该达到什么样的教育目标，学校提供哪些教育经验达到目标，如何组织教育经验，如何评估教育目标是否实现。从这四个问题不难看出，泰勒倡导的课程理论是紧紧围绕"目标"展开的。在泰勒看来，评估的作用或评估的本质是判断课程和教学计划在多大程度上实现了教育目标的过程。泰勒认为，确定评价目标是最为关键的一步，因为后面评估的实施都是以目标为导向开展工作的。因此，目标评价模式一般由以下四个步骤组成，如图 6-1 所示。

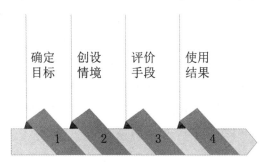

确定目标　创设情境　评价手段　使用结果

1　2　3　4

图6-1　目标评价模式流程

1. 确定目标

评价目标要非常确定和具体，需要具体到每一个行为或内容所隐含的一个个小的可行性的目标。

2. 创设情境

根据每一个具体可行的目标在可控的范围内去创设一定的情境，以观察学生的行为是否达标。

3. 评价手段

为了获取相关证据而采用一些评价方法和工具手段作为学生在某一项目标是否达标的判断依据。

4. 使用结果

分析评估结果产生的优缺点，分析产生这种结果的原因并进行解释或假设。

泰勒的目标评价模式将评价的结果融入课程设计、开发的环节中，不断完善课程内容、课程组织。同时，目标评价模式紧紧围绕学生在多大程度上实现了目标这一本质来开展评估工作。因此，在这一过程中，评估步骤清晰、明了、具体、针对性强、操作性强，为之后的评价模式提供了一定的范本。但目标评价模式忽略了学生的存在，它的评价更多关注的是评估方案的设计、可控性及评估的结果，忽视了评估方案本身、评价过程及评价目标的评价等。

（二）CIPP 评价模式

CIPP 评价模式是美国学者斯塔弗尔比姆及其同事在 20 世纪 60 年代确立起来的。CIPP 分别对应背景评价（context evaluation）、输入评价（input evaluation）、过程评价（process evaluation）和成果评价（product evaluation）四项评价活动的首字母。这四种评价又分别对应设计决策、结构决策、实施决策及结果决策四种决策类型。因此，CIPP 评价模式又被称为"决策导向型评价模式"，其步骤如图 6-2 所示。

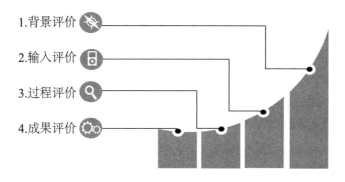

1. 背景评价 ⊕
2. 输入评价 📱
3. 过程评价 🔍
4. 成果评价 ⚙

图 6-2 CIPP 评价模式流程

1. 背景评价

在充分了解评估对象的基础上，明确评估需要，对已经确定的目标进行评价，判断已有目标能否反映评估需要，从而提出改进方向，并为其提供决策服务。

2. 输入评价

将评价活动有关方面的所有条件都一一列出来，包括人员、资金、物质及几种可能的评价方案，并对以上各方面内容进行评价，筛选出一套相对合理、有效的方案，以避免人力、物力、资金等的浪费。

3. 过程评价

过程评价主要针对在实施活动过程中的评价。例如，是否按照原计划进行、进行的程度如何、计划中的各方面基础条件是否得到有效而充分的利用、评价过程中各主体对开展活动的态度等。通过不断地对实施过程进行评价并提供反馈，为决策的改进提供帮助，以及日后对结果的描述提供真实材料。

4. 成果评价

成果评价是对评价方案实施的结果进行的一个整体的、全面的判断与解释，主要包括该评价方案实施的结果与预期的目标是否一致，有哪些正面效果和负面效果，相关主体对该评价方案的态度及受益程度如何，评价方案在实施过程中的各环节有怎样的关联等。成果评价的主要目的是对能否继续使用这一评价方案或如何调整评价方案给出判断，为进一步再循环提供决策服务。

斯塔弗尔比姆突破了泰勒目标评价的藩篱，认为评价的目的不是判断评价对象的优劣程度，而是为了改进，使评价对象取得更好的成果，即评价是为决策提供有效信息的一个过程。同时，他还将评价纳入课程开发的过程中。

（三）CSE 评价模式

CSE 是美国加利福尼亚大学评价研究中心（Center for Study of Evaluation）的简称。CSE 评价模式有如下四个阶段（见图 6-3）。

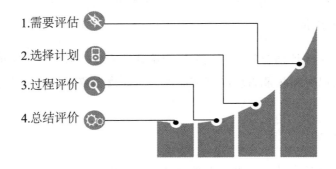

图 6-3　CSE 评价模式流程

1. 需要评估

需要评估就是调查人们对教育有什么样的需要，或者说需要教育完成什么样的使命，以满足他们的实际需求。该阶段是为确定教育目标做准备的。

2. 选择计划

这一阶段是对可供选择的几种评价方案的可行性、有效性等进行评价，包括人员、资金、物质基础等方面，从而筛选出一种最合理、最有效的方案。

3. 过程评价

这一阶段主要是评价课程计划在实施过程中的优缺点，并及时给予反馈，以改善课程计划，实现教育目标。

4. 总结评价

在完成上述几个阶段后，要对教育质量和效果做出全面的评价和判断，这样可以为课程计划的实施、改进或中止提供一定的策略。

从上述几个阶段可以看出，CSE 评价模式与 CIPP 评价模式较为接近。CSE 评价模式更多是为课程改革服务的，因此在实践中被广泛运用。同时，它贯穿课程改革的整个过程，是一种动态评价，并且使形成性评价和总结性评价得到了充分的结合和运用。

三、职业教育评价的基本类型

（一）按评价作用的分类

按课程评价的作用或性质可分为诊断性评价、形成性评价、总结性评价。

诊断性评价是指在涉及教学的有关活动实施前，对评价对象的现状进行全面了解和掌握。其目的是确定评价对象的程度和基本情况，以便采取适当的教学方法，并为以后的总结性评价提供一定可参考的资料。诊断性评价旨在促进和指导有关课程的活动，而非判断好与坏。

形成性评价，也称"即时评价"或"过程评价"。它是在评价活动过程中针对其各环节、各步骤而进行的一种评价，其目的是了解并搜集有关教学活动进程及其过程本身的一些动态或存在问题的资料，以便对教学活动进程及时地进行调整或提出修改意见，从而优化有关活动，提高教学质量。形成性评价旨在提供反馈并得以改善，而非判定有关教学活动的好坏。

总结性评价，也称"终结性评价"。它一般是在教学活动结束后对该活动进行整体的价值判断的一种评价类型，其目的在于对预设目标或教学活动效果完成程度进行判断，以便对教学活动进行整体、综合性的分析和判断，并制订合理的策略。总结性评价旨在对教学活动结束后的结果进行评价，且具有全面性和综合性。

从作用来看，三种评价类型有着巨大的差异，但三者又具有一定的关联性，并且形成了一个循环体。首先，这三种评价的最终目的都是为了使有关评价的活动得到促进；其次，诊断性评价是为形成性评价和总结性评价做准备，可以说是形成性评价和总结性评价得以顺利实施的前提和基础，起指导性的作用；再次，形成性评价为有关活动能够更好地发展起到了促进作用，并为总结性评价中对结果的判定、分析、原因归纳提供资料证据；最后，总结性评价在发挥其甄别等作用的同时，又为下一次该活动的诊断性评价提供了依据。① 因此，在有关实践活动中，我们应充分利用这三种评价的功能、作用及关联性，以达到评价的最佳效果。

（二）按评价标准的分类

按评价参照的标准可分为相对评价、绝对评价和个体内差异评价。

相对评价，也称"常模参照评价"。相对评价是一种相对性的评价，即某一个体在一个团体或群体中相对所处的位置，它是以这个群体的平均水平或指定的某一参照点为参考标准，以此来判断个体在这个群体中位置的一种评价类型，它能够很好地使个体在这个群体中迅速地定位并找到自己的差距。横向来看，这种标准会随着团体的不同而有所差别；纵向来看，它会随着时间、情境等迁移，以及该团体整体情况的变化而发生改变。因此，虽然这种评价类型可以很好地帮助个体在团体中定位，但却无法始终遵循统一的、客观的标准。

绝对评价，也称"目标参照评价"。绝对评价的参照标准与相对评价的参照标准不同，绝对评价的参照标准是独立于群体之外的一种客观性的、预设目标性的标准，所有课程活动都适用于这种参照标准。理想上讲，这种评价类型的参照标准应是客观的，因此评价结果也具有较高的信度和效度，但现实总是差强人意，这种评价类型的参照标准易受到人为等因素的影响而失真。

个体内差异评价，也称"自我参照评价"。从字面意义上可以推断，个体内差异评价是指个体站在一个维度，自己同自己比较而得出评价结果的一种评价类型。这个维度可以是评价对象在同一个方面按照时间点的不同来评价，也可以是对评价对象不同方面的内容进行评价，目的是找到评价对象在同一方面、不同时期的差距和发展趋势，或在不同方面的整体特征和发展水平。这种评价类型是在尊重个体差异的基础上进行的，它可以为评价对象提供有针对性的评估结果和适合评估对象的改进方案。但是，它也可能带来负面的影响，如只关注个体而忽略评价对象在群体中的位置，无法判断其实际的发展水平、程度和效果，使得这种评价类型的评估结果也很难令人信服。

相对评价是在群体内寻找一个标准，绝对评价是提前预设好固定的标准，个体内差异评价是以个体为参照标准。这三种评价类型单独使用，都存

---

① 梁骥.高等职业教育课程体系改革与职业能力对接研究：以新闻专业为例[J].职教论坛，2016（26）：51-56.

在一定的缺点。因此，在课程评价过程中可将这三种评价类型综合运用，根据实际情况选择适当的评价类型，争取做到既顾全大局，又尊重个体需求。

（三）按评价方法的分类

从评价方法的角度，可将课程评价分为量化评价和质性评价。

量化评价，也称"定量评价"。它是采取数字化、度量化方式进行评价的一种评价类型。这种评价类型将评价内容量化，因此便于操作且能够保证较高的信度和客观性。同时，由于它对评价结果进行量性的分析，所以具有较高的准确性，并且能够明确地区分出课程评价对象的层次关系。但同时，它的缺点也就显而易见了，即量化评价容易忽视真实情境中不可控、不确定、不能够测量的因素。

质性评价，也称"定性评价"。它是与量化评价途径相反的一种评价类型。质性评价是通过收集资料，对涉及评价对象的所有材料进行分析，然后给出一个整体的、描述性的评估结论。质性评价相对量化评价对评价对象的认识更加全面，评价结果也趋于真实性、合理性，但它缺乏像量化评价那样的准确性和客观性，有一定的随意性或主观性在里面。因此，这两种评价类型各有所长、各有所短，在实际运用过程中，应该将两者结合使用，而避免只倾向一种评价类型的极端思想。

除了上述三个维度的评价类型，有的学者还从评价主体、评价关注焦点、评价真实度等维度进行了分类。但无论是站在哪个角度对课程评价进行分类，我们在实际开展有关职业教育课程评价活动过程中都应该注重多元化的评价思想，即根据实际需要，本着促进、提高及可持续发展的原则，使用适当、有效、多元的评价类型，以达到评价效果的全面化、人性化和最优化。

第二节　职业教育评价机制的沿革与反思

一、职业教育评价机制的沿革

中国职业教育评价的首次运用是 20 世纪 90 年代对高等职业教育的评价。2000 年，教育部组织了对全国中等职业学校的评价，并在当年 6 月确立了 960 所国家级重点的中等职业学校。同年，教育部高教司印发了《高职高专教育教学工作优秀学校评价体系（征求意见稿）》和《高职高专教育教学工作合格学校评价体系（征求意见稿）》，这两个文件的发布标志着我国高等职业院校评价工作正式开始，也标志着我国开始对职业教育进行初步评价。教育部于 2003 年 9 月成立了高职高专院校人才培养工作水平评估委员会，每 5 年进行一轮评价，从 2004 年开始在全国范围内启动适合高职高专院校人才培养工作水平的评价体系。我国以政策法规的形式确定了职业教育评价制度的法律地位，这标志着我国职业教育评价制度开始起步并运行。

伴随我国职业教育评价制度的建立，有关职业教育评价政策的内容也开始不断完善。2005 年，我国提出构建中等职业教育的评价体系，确立以就业为导向的新理念，以提高职业教育的质量为目的，对学生的评价实施多元评价，包括评价主体、评价内容、评价标准等多元化评价维度，构建三位一体的高等职业教育评价体系，并要求评价内容以职业技能为基础，在考核方面注重多层次的、全面的考核，对总结性评价的结果以学历证书的获得为标志。另外，我国也开始逐步建立职业学校的内审督导评价体系，目的在于改进教师的评价体系。同年 2 月，《教育部关于进一步推进高职高专院校人才培养工作水平评估的若干意见》发布，该文件规定了高职院校评价的范围、标准、专家队伍、实施、结论，以及纪律等方面的内容，以达到"以评促建、以评促改、以评促管"的目的。但是，有关职业教育评价制度仍旧需要进一步完善，如规定评价主体要多元化，但并未说明要多元到什么程度，而且没有调动积极性、参与性的保障机制等，这些问题都需要相关政策予以解决。

2008 年，教育部颁布了《高等职业院校人才培养工作评估方案》，以继续保障我国高等职业教育教学的质量，站在多个立场来审视高职院校的人才培养工作。2010 年，教育部制定了《中等职业教育改革创新行动计划（2010—2012 年）》，要求继续开展对国家级重点中等职业院校的评价。同年，教育部高等教育司发布了《国家高等职业教育发展规划（2011—2015年）》，要求以能力为核心，建立适应高素质技能型专门人才培养要求的质量评价标准，探索多样化的生源选拔评价机制等。这说明我国开始加大对人才培养质量的关注。在职业教育评价制度政策的保障机制方面，2011 年 12 月 30 日，教育部印发了《中等职业教育督导评估办法》，主要围绕宏观政策建设，以制度创新、经费投入、办学条件保障、发展水平等方面开展对中等职业教育督导评估方法的探讨。

二、职业教育评价机制的反思

改革开放以来，职业教育评价基本制度体系对我国职业教育事业的发展起到了积极支撑和引导作用。但随着经济社会的发展，职业教育的专业设置、课程教学、人才培养等都要升级，现行的职业教育评价还存在若干问题，尚不能很好地适应职业教育高质量发展的需求。

（一）评价方式以总结性评价为主，发展性评价不足

长期以来，我国的教育评价体系以总结性评价为主，这在我国职业教育评价中尤为普遍。以职业学校的评价为例，我国于2006—2019年开展了示范性高职院校、骨干高职院校、优质高职院校与"双高计划"院校的四次遴选性评价工作，鉴定并选拔了一批办学质量拔尖的高职院校，重点投入建设；2009—2019年开展了示范性高职院校、骨干高职院校、优质高职院校三个建设项目的合格性评价工作，针对承担改革建设项目的高职院校进行达标评价和总结评价；2016年、2018年、2020年开展了三次全国职业院校评价工作，分别针对高等职业院校适应社会需求能力、中等职业学校办学能力进行鉴定评价。不得不说，这类总结性、鉴定性评价有值得肯定之处，作用在于测量教育目标和任务在多大程度上可以实现或被完成。但其不可避免地存在局限性，容易出现忽视评价对象的特殊性、发展性和比较严重的"标准化""一刀切"问题。虽然职业教育也有一些诊断性评价，如2015年开始以高等职业院校内部质量保证体系诊断与改进工作为载体开展内部保障性评价，但其应有的地位和科学的评价体系尚未完全建立起来。当前，职业教育评价仍然停留在总结性评价和鉴定性评价层面，职业教育评价的功能仍未得到科学地、充分地发挥，未能把评价作为促进学生、教师和学校发展的重要手段。

（二）评价主体以政府评价为主，多元性评价不足

目前，我国开展的职业教育评价涉及多方面内容，具体如下：对学校办学水平的评价，如示范性高职院校、骨干高职院校、优质高职院校与"双高计划"院校的遴选等；对教师职前职后教学能力的评价，如职教教师资格证考试、全国职业院校技能大赛教学能力比赛等；对学生学业成就的评价，如中等职业学校学生学业水平考试等；对区域职业教育发展水平的评价，如2018年、2019年分两批遴选了职业教育改革成效明显的省（市、区）；对

相关行业从业人员的职业技能水平的评价，如职业资格考试等。但这些职业教育评价的组织和实施主体都是各级教育行政部门或人力资源与社会保障部门。随着"管办评分离"的深入推进，政府职能逐渐转变，职业教育评价开始引入多元的评价主体。例如，2019年4月教育部等四部门启动1+X证书制度试点工作以来，遴选了73家职业教育培训评价组织，行业、企业积极参与到学生的评价中，推进了学生评价模式的变革。又如，国务院教育督导委员会办公室于2016年、2018年、2020年启动的三次全国职业院校评价工作均以委托第三方专业评价机构组织实施的形式来开展，促进了职业教育第三方评价的发展。虽然职业教育评价主体的多元性开始受到关注，但利益相关者仍然缺位，学校、教师、学生、行业、企业在相应的评价中话语权仍然较低，评价多元性不足。另外，第三方评价机构的能力和水准还有待进一步提升，职业教育第三方评价的功能未能充分发挥。

（三）评价机制以形式化评价为主，实质性评价不足

目前，我国职业教育评价的数量、类型繁多，从微观、中观、宏观层面看，可依次包括对学生情况的评价、对区域职业教育改革成效的评价、对国家职业教育政策执行情况的评价等。各种各样的评价数量多、频次高，甚至出现同一个评价要用不同形式、不同平台的现象，导致被评价单位，尤其是职业学校应接不暇，疲于应付填表、报数。出现这种现象的原因在于职业教育的评价机制"重形式轻实质"。教育评价中的实质性评价要力图反映评价对象实质特征，倡导按照对象本身的特性来评价，所有指标的制订都要反映对象本身的特性。从这个角度看，我国职业教育评价基本以形式化评价为主。例如，对国家职业教育政策执行情况的评价主要是立足行政任务完成情况的评价，很少反映在政策执行过程中学校、教师、学生、行业、企业等主体自身的本质要求。对学生情况的评价也容易陷入片面追求职业学校学生的升学率、就业率的误区，对学生职业素养的评价不足。这种形式化的职业教育评价会忽视对职业教育质量的直接评价，基于这种评价机制设计出的评价标准和指标体系甚至会一直在评价对象的"外围"打转，无法深入内核，直接造成职业学校教育性或内涵性不足。

（四）评价手段以传统评价为主，现代化评价不足

我国以往开展的职业教育评价在院校层面、学生层面、教师层面存在一些问题。在院校层面，多以专家对院校材料进行评审及实地考察、现场评

价为主。职业学校为了应对评价准备各种文件，但专家离开后也就束之高阁。这种传统的专家权威式的评价手段容易因专家主观判断影响评价结果的客观性、公正性，不仅不一定能科学地反映职业教育质量，还未能给职业教育评价留出协商空间。在学生层面，重纸笔考试、轻实践能力考核的现象仍然普遍。在教师层面，重"双证"考试、轻实践技能水平和专业教学能力考核的现象仍然突出。造成这些现象的原因有如下两方面：一是尚未树立正确的职业教育发展观、技能人才成长观；二是与职业教育类型特色相适应的评价手段和技术尚不成熟。近年来，随着现代信息技术的发展，职业教育评价领域逐渐出现一些新的技术手段，如搭建数据采集平台、问卷调查平台、专家评分平台、虚拟仿真平台等，这些平台对提高评价效率发挥了重要的作用，但是仍然没有突破"传统"的实质。例如，有些专家评分平台只是将评价对象的材料扫描上传，专家通过在线浏览进行打分，只是简单地解决了专家现场评价的问题，属于"换汤不换药"。各个技术平台也只是作为收集职业教育信息的孤岛，没有真正实现职业教育评价的动态性、智慧性和现代性。

三、职业教育评价机制的改革

在实现教育治理体系和治理能力现代化的进程中，在新时代教育评价改革的总体导向之下，出于对职业教育作为类型教育的有效关照，我国提出六个职业教育评价改革新动向：从强调就业导向到坚持德技并修作为职业教育评价改革的出发点；从同行评价为主到强调行业、企业深度参与作为职业教育评价改革的着力点；从学校教育为主要内容到把育训结合作为职业教育评价改革的增值点；从评价利益相关方到突出评价学生作为职业教育评价改革的关注点；从传统评价手段到信息化、智能化手段运用作为职业教育评价改革的突破点；从"一评一用"到"一评多用"作为职业教育评价改革的新亮点。

（一）从强调就业导向到坚持德技并修作为职业教育评价改革的出发点

职业教育一直以来坚持以就业为导向，职业教育评价曾一度把就业率作为评价的重要考察点，而按照新时代教育评价的总体导向，应把立德树人成效作为评价的根本标准，所以职业教育作为一种类型教育，应坚持职业教育特征的立德树人成效，即将德技并修作为评价标准和根本出发点，引导利益相关方把立德树人和技术技能修养结合起来，综合考察职业教育的办学成效和办学过程。按照中共中央、国务院于 2020 年颁布的《深化新时代教育评价改革总体方案》（以下简称《总体方案》）对立德树人成效的论述要求，结合职业教育特点，德技并修具体有三个方面的考察重点：一是学校坚持正确的办学导向，为党培养社会主义建设者和接班人，为国家培养有理想、有担当的高素质技术技能人才，注重环境育人，落实社会主义核心价值观，形成具有职业教育特色的育人氛围；二是教师具有良好的师德师风、为人师表的高尚品格和培养技术技能人才必备的专业知识与能力；三是学生具有中国特色社会主义的政治认同、精益求精的工匠精神、踏实钻研的职业精神、健全的人格、强烈的公民意识和法制观念。此外，还应系统设计职业教育评价方案，开展综合评价，总体上涵盖德技并修的导向要求。

（二）从同行评价为主到行企深度参与作为职业教育评价改革的着力点

以往的职业教育评价主要以同行评价为主，教育同行是具有明显优势的评价主体，高等教育、基础教育均在普遍运用，但职业教育作为类型教育，行业、企业的参与是职业教育的重要特点，所以在评价主体的选择上应从以往同行评价为主走向行业、企业深度参与，以此作为改革职业教育评价的着力点。行业、企业深度参与是职业教育类型教育的属性使然，那么具体谁来参与、如何参与、结果如何使用等是必须考虑的问题。首先，谁来参与。不同层面的评价应考虑适合的行业、企业参与：学校层面的评价可邀请合作企业作为评价主体参与；省市级教育行政部门组织的评价可邀请省市级以上的行业组织、大型企业参与；全国性的评价可邀请国家层面的行业组织、大型企业参与。其次，如何参与。学校层面的评价可邀请行业、企业开展过程评价，包括教学过程、实训过程中的评价，参与的过程也是深化校企合作的过程，而省市级以上的评价机构主要以结果评价为主。最后，参与结果如何使用。学校层面的行业、企业参与的评价结果可直接作为学生考核的重要依据和专业考核的重要参考，省市级以上的行业、企业参与评价的结果在评价总权重中应占相当比重。需要说明的是，行业、企业参与评价的质量，一方面取决于选定的行业、企业，另一方面取决于选定的专家，需根据不同的评价内容选定合适的行业、企业和专家。

（三）从学校教育为主到坚持育训结合作为职业教育评价改革的增值点

与西方国家不同，职业院校是我国职业教育的主要形态，职业教育评价显然以评价学校教育为主，但《总体方案》要求把育训结合作为评价重点，所以育训结合将是后续职业教育评价改革的增值点。育训结合意义重大。首先，它把教育和培训统一为一个整体。将职业教育和职业培训割裂开来本身就是错误的导向，两者统一为一个整体能起到相互促进、相互提高的作用，有助于形成产教融合、校企合作的良好生态，从评价的角度提出育训结合本身就是巨大的进步。其次，能体现职业教育的价值。职业教育以往不被广泛看好有很多原因，其中的关键一点是自身发挥的价值未被认可。而把培训作为评价的重要内容，参与培训的数量和质量能充分体现各主体被社会认可的程度，体现职业教育的价值。最后，为促进就业和社会稳定做贡献。党和政府把职业教育促进就业、维护社会稳定的功能多次写入文件，育训结合是实现这一功能的核心手段。

（四）从评价利益相关方到突出评价学生作为职业教育评价改革的关注点

学校、专业、教师、学生等是职业教育的重要利益相关方，也是职业教育的评价对象，但以往对学校、专业、教师关注较多，学生评价开展得较少，原因主要是学生体量大和评价难度高。事实上，教育是人的活动，学生的质量是教育的根本追求，所有的主体均应该围绕培养学生开展各种活动，最终指向为了更好地培养人才。所以，职业教育未来在评价对象上，应从各利益相关方转到突出评价学生，以此作为职业教育评价改革的关注点。因此，如何开展学生评价是后续研究的重点。《总体方案》提出："改革学生评价，促进德智体美劳全面发展。"这为学生评价指明了方向。职业教育的学生评价应结合职教特点，围绕德、智、体、美、劳五个方面，把专业技术技能融合至五个维度，制订学生全面发展的评价模型和评价实施细则，有效评价学生个体和群体在入学前和毕业时的增值情况。突出学生评价可间接引导学校、教师、专业、实训和其他资源等迅速向学生转移，最大限度地保障学生的成长、成才。学生评价也是增值评价的体现，符合新时代探索增值评价的导向。

（五）从传统评价手段到信息化、智能化手段运用作为职业教育评价改革的突破点

若要实现科学评价，评价方式的改革是重要突破点。职业教育的评价方式改革应从传统评价转变到信息化、智能化手段的运用。信息化运用是起步阶段，即把评价逐渐从线下转移到线上开展，从发布评价项目、发布通知、准备学校评价材料与自评，到专家遴选与角色分配、专家评价过程、评价意见的撰写、结果的出具等流程均实现无纸化操作。智能化手段的运用是高级阶段。可以看出，信息化阶段需要学校准备评价材料和开展自评，而智能化阶段可将此部分取消，通过人工智能、大数据、可穿戴设备、移动互联等现代技术的运用，通过"网络爬虫"或其他方式自动搜集评价对象的海量的相关数据信息，分析汇总形成评价数据，供专家量化分析和定性分析。智能化手段运用的前提是数据信息的可比较性和生成数据规则的统一性，即获取的数据能反映评价对象的实际水平。运用信息化、智能化手段也是便捷化开展过程评价的有效保障，符合新时代强化过程评价的导向要求。

（六）从"一评一用"到"一评多用"作为职业教育评价改革的新亮点

以往职业教育评价中单项评价较多，单项评价项目虽然短时期内对学校产生一种发展压力，有一定的引导和激励作用，但过多且密集的单项评价会加重学校的迎评负担，且单项与单项之间会有交叉，存在评价内容重复的现象。以往单项评价的结果往往是"一评一用"。《总体方案》要求"严格控制教育评价活动数量和频次，减少多头评价、重复评价，切实减轻基层和学校负担"。所以，职业教育评价应探索综合评价，综合评价要兼顾评价内容完整、评价手段多样和评价周期较长的特点，出具的综合评价结果做到"一评多用"。评价结果可广泛运用到院校考核、教师绩效考核、师资评聘等，与职业院校经费拨付结合。"一评一用"到"一评多用"的结果运用也是改进结果评价的一种方式。

第三节　职业教育评价的组织与程序

职业教育评价涉及评价主体、评价客体、评价目的、评价方案及评价方

法等诸多方面的内容，是一个有严密组织、明确目的、评价标准、评价程序的有机的集团活动。职业教育评价的实施步骤是环环相扣的，前者为后者服务，前者的工作质量影响着后者的工作进程和质量，后者又为前者的改进和完善提供反馈信息。整个实施进程均以评价目的为出发点和归宿。因此，要想通过评价使职业教育功能得以实现，必须从评价的组织和程序入手，规划评价活动，实现职业教育的评价目标。

一、职业教育评价的组织

（一）学校的自我评价组织

学校自我评价是指以学校自主发展为基点，以全员参与为形式，以学校的战略规划、具体实施目标为对象，按照学校认可的评价标准，在学校范围内开展定期的评价活动。学校自我评价既是学校评价工作的基础，又是学校自身建设、提高办学水平和教育质量、主动适应社会发展的重要手段，以及促进可持续发展的自我保障机制。学校自我评价既是教育评价的有机组成部分，又是学校教育工作的重要组成部分。在实际工作中，学校管理者和广大教师必须关心如下问题：学校管理的目标是否已经达到，达到目标的程度如何；教育活动是否达到预期的目的，获得了应有的价值。这些问题只有通过评价才能回答。

职业院校要想有效地开展自我评价活动，必须有严密的评价组织做保证。学校自我评价组织一般可分为两个层次：一是领导层；二是操作层。

领导层就是学校成立的开展校内评价的领导小组，它的职责是设计或选择评价方案，制订评价工作计划，对评价人员进行培训，对各专题评价小组的工作进行指导、检查、审定，给出最后的评价结论并编写自我评价报告等。领导层的成员一般为党、政、工、团各方面的负责人及教育评价的专家、学者，同时要吸纳行业、企业的人员参与评价。

操作层是指各项专题评价的小组，它的职责是根据评价方案对本专题小组所承担的任务和评价指标开展全面的调查研究，广泛地收集有关的信息、资料、数据，并比照评价标准对本专题小组的有关评价内容进行价值判断，得出初步的评价结论，写出本专题的自我评价报告。

学校自我评价对学校的科学决策具有重要意义。通过评价获得第一手资料，才能做出科学、合理、可行的决策。学校自我评价是自我发展的前提和保证，如果没有学校的自我评价，学校管理者就不可能明了各项工作的进展情况和存在的问题，学校的发展也就不可能是一种良性的发展。

学校自我评价具有五个优点。第一，不受时间和场合的限制，简便易行。无论是管理者、教师，还是学生，都可以随时随地、经常性地对照目标要求进行自我评价。第二，省时省力、耗资少。学校可以在日常工作中随时组织教师进行自我评价，这样有利于节省时间、精力和资金。第三，可以在较长时间内连续操作，机动灵活。学校可以根据自身的发展规划具体规定自我评价的做法。第四，可以调动学校全体教师的积极性和主动性。学校自我评价是学校对自身进行的评价，全体教师都是评价者，这样就容易调动他们参与评价的积极性和主动性。第五，为学校提供了一个多样化的发展空间。实施学校自我评价，可以为他人评价提供参考依据，打破他人评价"一言堂"的局面。主动建立有效的自我评价制度，是提高学校整体办学水平和管理工作质量的至关重要的工作。

（二）行政主管部门的评价组织

我国教育评价多数是由国家行政机构来领导、组织和监督的，一般设有从中央到地方的不同层次的教育评价领导小组，各级评价机构有不同的分工和职责。

二、职业教育评价的程序

一般而言，职业教育的评价过程可分为准备、实施和结果处理三个阶段。

（一）教育评价的准备工作

教育评价的准备工作指的是在评价实施前所进行的组织准备、方案准备和舆论准备。

组织准备指的是要成立专门的评价领导机构和实施评价的工作组，以及建立评价工作的规章制度和评价人员的考核奖惩条例。组织准备工作一般包括建立评价组织机构，成立评价领导小组，制订评价活动实施计划，组织培训参评人员。评价领导小组的工作要点是确定评价对象和评价重点，设计或选择评价方案，制订评价工作计划，组织培训参与评价的有关人员，掌握、调控评价工作进程，协调各方面的关系，把握评价的方向。在制订评价活动实施计划时，要明确实施评价的目的，明确评价对象和评价重点，明确评价活动的行为准则和整体要求，确定评价实施的步骤和具体日程安排。在组织培训参评人员的工作中，培训的内容应当包括教育评价的概念和实施教育评价的现实意义，教育评价的本质、功能和作用，教育评价的基本方法，有关评价方案的若干理论问题。

方案准备指的是解决评价中各种问题的方案。评价方案的准备是教育评价准备阶段的重点。一般而言，在方案的准备阶段，主要工作是在评价活动实施前拟订有关评价目的、内容、范围、方法、手段、程序和预期结果的规范性文件。方案应当包括以下几个方面的内容：规定评价的目的及目标，确定评价内容及其形式，规定评价标准，设计指标体系，确定评价手段和方法，规定实施程序等。

舆论准备指的是在评价实施前，对被评者进行广泛、深入的宣传动员，调动被评者的参评积极性，赢得被评者对评价工作的支持和配合。

（二）教育评价的实施

实施教育评价主要是评价人员依据评价的指标和标准，对反映被评对象达标状况的信息资料进行收集、整理和分析，进而得出定性或定量的评价结论，是整个评价过程的中心环节。教育评价的实施大体上分为以下四个步骤进行。

1. 宣传动员

为了把与教育评价工作有关的各类人员都调动起来，使他们积极参与教育评价工作，可利用一切宣传工具，如用校刊、学生报、通报、广播、电视、网络、标语、短剧等形式进行宣传动员，聘请专家开展有关教育评价的专题报告，公布教育评价方案等。

2. 自我评价

自我评价是评价实施阶段不可缺少的重要环节之一。自我评价有利于全面收集信息，形成准确的判断；有利于减轻评价组织者的工作量，减少评审经费的开支。自我评价要求被评者在自评过程中本着实事求是的态度，如实反映自己的情况。被评者进行自我评价后，应按要求写出评价报告。

3. 评价专家组根据自评结果，有针对性地收集信息、资料、数据

这个步骤是进行正式评价的开始。评价专家组应由教育界和社会知识界学术水平高、专业知识渊博、实践经验丰富、有崇高威望的专家组成，并要

求与被评者没有利害关系，以保证评价的公正性和客观性。[1] 专家组根据被评者的自我评价结果、评价指标体系与标准，有针对性地收集信息、资料、数据。在这项基础工作中，只要是量化的数据都要进行统计、计算，而定性的材料则要归纳、汇总，然后根据评价指标，对每项指标进行等级评定，然后再根据评价方案中各指标的加权系数和采用的计量方法，经过二次量化，将等级换算成各项指标的评分值和总评价值。信息、资料、数据是否丰富、全面、真实、可靠直接关系到评价的依据是否客观，关系到评价结论的真伪，从而关系到教育评价的成功与否。

4. 专家评审，形成评价结论

专家组通过大量的调查访问、发放评价量表、召开各种形式的座谈会、查阅文献档案等手段，获得了丰富的信息、资料、数据，接下来就要依据评价指标的要求逐项核实，筛选出真实可靠的资料，进行综合分析，并对照评价标准对被评对象的现状给予初步的评价。

（三）教育评价的结果处理

教育评价结论的分析与处理阶段是评价活动的最后一个阶段，它的质量关系到评价的作用能否充分发挥。因此，这也是一个很重要的阶段。这一阶段主要有以下几项任务：形成综合判断，分析诊断问题，估计本次评价活动的质量，撰写评价报告。

1. 形成综合判断

从总体上对被评对象提出关于其工作的定性或定量的综合意见。通常，综合判断是在各个参评专业自评的基础上，专家进行评审评议后得出总评定值，形成以定量为主的综合性判断，并对参评专业是否达到目标，以及达到目标的程度进行等级区分。

2. 分析诊断问题

为了充分解释、说明综合评判的结论，使被评者顺利地接受评价结论并更好地帮助被评对象改进工作，还需要对评价过程得到的信息进行细致的分

---

① 梅婷. 高等职业教育实践课程评价指标体系构建的研究 [J]. 职教通讯，2011（24）：7-10.

析，对被评者工作的优缺点和长短得失进行系统的评论，以帮助被评者认清存在的问题和问题的症结所在，并提出合理的建议。

3. 估计本次评价活动的质量

估计本次评价活动的质量是指根据评价过程中出现的问题，利用对被评者的评价分数，对此次评价工作的质量进行检查、分析、鉴定，也就是对此次评价工作进行评价。这项工作不仅包含对评价方案的必要修改，还包含对评价的实施过程和其评价结果进行信度、效度的检验，对出现的问题和误差及时有效地进行修正。

4. 撰写评价报告

撰写评价报告是指将评价结论写成书面报告，其内容主要包括此次评价的任务及过程、对参评专业的评价结论、评价结论的统计分析、本次评价存在的问题和改进的建议。撰写评价报告有利于同行之间相互借鉴及反馈。在反馈之后，使评价产生深远影响，使学校领导的管理工作得以改善，使评价对象的工作质量得以提高，发挥优点，克服缺点，不断前进。

评价工作结束后，评价组织或档案部门需要对评价的方案、计划、总结、报告、数据，以及各种文件、表格等材料进行及时的分类、编号、建档，把需要的数据资料输入电子计算机储存，以便以后查证、参考，为以后制订教育政策、进行教育科研提供有用的依据和材料。

第四节　终身教育理念下职业教育评价机制的构建

一、职业教育的课程评价

课程评价是通过对课程实施的结果进行判断与评价，从而为调整、修订、创新课程实施的策略与方法提供依据。课程评价的焦点或目标应包括课程需要和学生需要、课程设计、教学过程、在教学中使用的教材、学生成果目标、通过课程学生取得的进步、教师有效性、学习环境、课程政策、资料分配及教学成果等内容。

（一）职业教育课程评价的功能

职业课程评价主要用来检查职业课程开发和设计的成果，诊断存在的问题，提高职业课程的质量。在职业教育课程的开发阶段，涉及专业课程方案、教学计划、课程标准、教学进度安排、单元课的设计与实施、学业课业策略与方法等诸多关键问题，这些内容的改进与更新要求每个程序、每个步骤都要高质量地完成。因此，课程开发过程的每一个环节都要注重检查和控制开发的质量。课程开发的过程性评价正是为了解决这个问题而设计、进行的。课程开发的过程评价，可以使课程开发者及时看到课程开发的阶段性成果和不足，使他们在体验成功的同时，也能及时找出问题，以便更好地推进开发工作。课程开发评价可以为课程开发主体提供课程开发各个阶段和整体的信息，帮助开发主体调控开发过程和质量，以确保课程最终的成功。具体而言，职业教育课程评价的功能主要体现在以下五个方面。

1. 改善教学体系

如果把学生在校接受各种教育训练活动看成一个系统，为了不断改善这一系统，就必须严格监督、及时修正这个系统。根据系统论的观点，任何系统只有通过信息反馈，才能实现有效控制，而教学系统的反馈信息是通过评价获得的。教师借助课程评价可创造性地改进教学工作，提高教学质量。

2. 改进课程建设

课程评价是一种动态评价，是在对过去的课程进行评价的基础上，判断当前的教学，同时预测今后课程的发展，其目的是优化决策、改进教学工作、提高教学质量。实际上，课程评价与经常性的教学评价在目标上是一致的，两者应该相互结合。而且评价得当，不仅可以调动广大师生的积极性，还可以加强课程建设效果。

3. 提升课程质量

根据课程评价的结果，可以对课程某些方面的不足和缺陷进行修订，从而更好地发挥课程育人载体的作用。不过，在课程开发的不同阶段，课程评价所起的作用有所不同。在新的课程尚未开发前，课程评价应总结原有课程中存在的问题，从而为新课程提供参考依据。在新的课程开始开发后，课程评价可以诊断课程开发过程是否科学合理。在新的课程开发出来后，课程评价可以进一步分析课程目标的设置合理是否科学合理。

4. 推进教学改革，改进教学实践

课程评价能够诊断课程、教学与学生的学习情况，寻找课程问题和困难所在，改进课程方案。这些都可以有效地提升教学质量，从而推进教学改革。

课堂教学是课程实施的基本途径，课程评价对教学实践的改善起着重要作用。课程评价的观测点有教师信念、教师能力、教师实践、学生行为、学生学习情况等。据此，课程评价可以检测课程目标、课程内容是否落实，并能够对教学效果进行评价，从而有效改进教学实践。

5. 提高教育质量

教育质量是教师与学生共同创造的。因此，在设计指标体系时，除重视效果指标外，还应注重对教学过程的评价。不过，要使教学过程中各种条件、各种要素均处于最优状态是不太可能的，而通过课程评价可以有效改善这种情况，扬长避短，以发挥教学诸因素的最大效益，最终有效提高教育质量。

此外，课程评价还有助于课程自身的发展与完善。从根本上说，课程评价主要是对已有课程进行修改和完善。在课程评价的发展史上，每一次重大的改变，实际上都是课程评价自身完善功能的体现。

（二）职业教育课程评价的程序

1. 提出问题

提出问题主要是明确评价目的和具体要求，即通过评价要解决什么问题。课程评价的目的反映了评价者的课程观、教育观，也影响了评价方法与工具的运用。

2. 准备评价

准备评价阶段的工作有以下三项。

（1）成立评价组织。课程评价作为一种有组织、有目的的活动，不是个人行为，必须由一定的组织机构或部门来承担。建立正式的评价机构或部门，由专人负责，便于评价工作的开展，便于资料的收集、积累和调阅。评

价组织一般由课程专家、行业专家、职业实践专家、职业教育专家、用人单位代表等组成。此外，还有社区代表、学生及家长。

（2）分解评价目标，确定评价准则和指标。确定评价的指标体系最为关键，要找出代表性的行为和能反映评价对象本质属性的项目，然后进行分类，确定评价项目、权重和指标体系，并考虑操作的可行性。

教育部有相关文件用以指导职业院校课程的开发、设计、建设和实施，这可作为职业院校课程开发与评价的指南。

（3）准备评价方案。评价方案的内容主要包括评价的目的、原则、对象、指标体系、评价方法、评价的组织及时间安排。这些都必须在评价方案中清楚地表述出来，以便于执行。

3. 评价实施

评价实施阶段包括收集、分析、处理评价信息，解释评价资料。

4. 撰写评价报告

课程评价结束后，应该把评价结果以书面形式报告给课程实施人员、教育行政部门，或其他需要知道、了解课程评价结果的人群。

二、职业教育的学业评价

学业评价是以学生为评价对象进行的价值判断。学生的学业成就是反映学生发展水平和学校教育质量的核心指标。学业成就与学习成绩并不等同，传统的考试制度是一次考试定终身，评价过分偏向总结性评价，无法完整衡量学生的学业成就。要想真正评出学业质量和教育效能，必须要满足整体上全面反映学生的发展这一教育目标的要求，所以学业评价在形式和内容上都要更加规范和完善。在终身教育思想的指导下，在制订职业院校学生的学业评价方案时，既要关注学生学业的阶段性评价，又要关注学生学业的形成性评价，关注学生专业知识、职业技能、职业素质等目标的达成度。因此，职业教育的学业评价应确立发展性学业评价观，关注学业的职业导向性，建立开放性的学生学业评价方式。

对职业教育学生进行学业评价是一个系统工程，这个系统从评价目标来说是多元的，其评价要素可以涵盖三维目标，即知识与技能、过程与方法、情感态度与价值观；从评价形式来说，大多是"项目与任务式"的，是从简单到复杂的工作任务与项目的有机结合；从评价方法来说，是理论知识考核和实践能力测评两部分的有机结合。

其中，"以工作过程为导向"课程体系下的学生学业评价的重点是研究探索学生学业综合评价的内容、标准、方式和方法，通过制订学生学业综合评价方案，全面、客观地评价学生达到专业培养目标和人才培养规格的水平。"以工作过程为导向"的课程体系主要由公共基础课、专业课和顶岗实习构成，因此，对学生的学业评价也就由课程评价、顶岗实习评价、职业技能鉴定三个模块组成，并在对其整理分析的基础上形成学业综合评价。

"以工作过程为导向"课程体系下的学生学业评价，既吸取了传统评价的优点，又着重解决不适应新型人才培养的问题，在评价理念、评价理论、评价实践上进行了新的探索，从而建立更有利于职业人才成长的导向和评价机制。

（一）职业教育学业评价的标准

这里重点说的是"以工作过程为导向"课程体系下的学业评价标准。

1. 课程标准

"以工作过程为导向"的课程体系，在开发时采用典型的职业活动分析方法，注重分析职业标准，以及完成典型工作任务所遵循的职业规范、工艺标准、服务规范和质量标准，强调按照产品生产的国家标准、行业标准和产品质量要求确定教学考核内容与标准，这就保证了专业课程与职业标准对接。同时，在考核定位上参照国际证书、知名企业的认证要求，让学生的学业评价有了可靠的根基。

2. 单元标准

单元标准应关注各单元的梯度目标及各梯度之间的关联性。梯度目标的含义主要体现在以下三个方面：一是遵循职业成长规律，体现由初学者到独立操作者的成长过程，对能力进行梯度评价；二是符合学生的学习心理及认知规律，按照先易后难、先局部后整体、先表面后剖析、先单一后综合的规律，将各单元的要求进行划分，体现学习的循序渐进；三是关注群体的差异性，不同学习者的智能特点各有不同，在知识储备、学习能力、经验悟性等方面也有差异，因此可分层考核、分级评价。另外，实行分层目标，进行分层考核，以合格为最低要求，不合格则必须重做。

（二）职业教育学业评价的方式方法

1.职业教育学业评价的基本方式

职业教育学业评价的基本方式有激励式、展演式、竞辩式、合作式、对照式、互动式、角色式。

（1）激励式评价

激励式评价主要是采用语言、物质等在任务进行过程中随机进行的鼓励性评价，如贴标签、加分等。激励式评价主要起引导、指导、调动、强化作用，一般不直接记分。

（2）展演式评价

展演式评价是对学生通过展示呈现工作结果及任务实施过程进行评价。根据专业不同，展示时间为 10—20 分钟不等。

（3）竞辩式评价

竞辩式评价是通过有序的、激烈的思想交锋，探讨问题，解决问题。在评价时，既要关注问题的解决，又要关注学生的思维方法及竞辩的规则意识，从而培养学生的思辨能力。

（4）合作式评价

合作式评价是小组成员的自我评价与成员之间的互相评价。在评价时，要对不同的观点进行讨论、沟通。评价主体均以平等、协商的态度参与评价过程。

（5）对照式评价

对照式评价主要是对教师采集的图像资料（跟踪拍摄的照片）进行展示、分析、点评。在进行对照式评价时，主要抓住学生带有普遍性或典型性的职业行为，特别关注学生的职业意识、素养、经验等隐性表现。

（6）互动式评价

互动式评价，也可以称为"对话式评价"，即通过你来我往的语言、动作来表达观点，分析成果的优点与不足。互动的特点是有问有答、突出问题中心，有利于培养学生语言表达、理解沟通的能力。

（7）角色式评价

角色式评价是结合工作过程中的模拟角色进行对应角色的评价，它不仅要按照学习过程与学习成果的要求进行评价，还结合角色的不同增加了一些新的要求。

2. 职业教育学业评价的主要方法

与普通教育相比，职业教育对学生的学业评价具有多主体性的特色，其评价主体一般为教师、学生、企业、岗位实习带领人等。突出多元主体作用的学业评价方法有个体评价、小组评价、教师评价、企业评价。

（1）个体评价

个体评价是学生对自己的客观评价，其作用是增强学生的标准意识、规范意识、质量意识，逐步提升学生的评价能力。个体评价又可细分为自我评价（按照预先设定的评价标准进行自我评价）、反思评价（以课业手册等反思记录的方式对自己做出评价）、自测评价（采用统一编制的检测题考核）。

（2）小组评价

小组评价又可细分为自我评价、组内评价、角色评价、组间评价。自我评价是指依据预先设定的评价标准对本小组进行自我评价。组内评价是指组内各成员之间互评，一般在个体自我评价的基础上进行，有利于促进学生对评价标准的理解。角色评价是指评价人通过分析模仿角色的方式进行评价，在此过程中可以让多个学生扮演角色，以提高其评价能力。组间评价是指各组之间的评价，一般采取推优评价、打分评价、对手评价、第三方独立评价等。

（3）教师评价

教师评价可细分为量化评价、比较评价、生成评价、图像评价、成长评价、学期总评。

（4）企业评价

企业评价可细分为过程评价、终结评价、技能大赛评价、综合实训评价。其中，综合实训评价是对在实训环境中进行的综合性的学习任务的评价。综合实训更加接近企业的真实生产任务，因而有必要聘请企业专家参与评价。

三、职业教育的质量评价

（一）职业教育质量评价的现状

一些发达国家的职业教育质量评价主要有政府主导评价、企业评价、社会评价（主要指各种专业组织、新闻媒体、社会团体等第三方中介组织）和职业院校自我评价等方式，其评价方式、评价内容、评价标准等在各国都有不同的侧重，从而形成各具特色的职业教育质量评价模式。例如，澳大利亚是以政府为主体的职业教育质量评价模式，美国是以社会为主体的职业教育质量评价模式，德国是以企业为主体的职业教育质量评价模式。国外的职业教育评价模式具有评价主体多元、评价方式方法多样、第三方评价可信度高、评价结果公开、评价对投资主体的指导性强的特点，评价体系较为完善。国外职业教育的发展关乎学校、企业和社会，因而职业教育的质量备受社会的关注。就职业教育评价体系而言，政府、社会和企业均以自身的角色参与评价，这既是国外多角度、多层次审视职业教育质量的关键所在，也是国外职业教育发达的原因所在。这对构建我国职业教育评价模式和完善职业教育评价体系具有广泛的借鉴意义。

近年来，在国家的大力支持下，我国职业教育迅速发展，特别是职业院校在规模上取得突破性进展。《2020 年全国教育事业发展统计公报》的数据显示，2020 年我国中等职业教育招生 644.66 万人，占高中阶段教育招生总数的 42.38%；在校生 1663.37 万人，占高中阶段教育在校生总数的 33.96%。伴随着职业教育办学规模的迅速扩大，其质量问题也引起社会各界的广泛关注。《国家中长期教育改革和发展规划纲要（2010—2020 年）》中提出"大力发展职业教育"，并"把提高质量作为重点"。目前，我国职业教育已从注重规模扩张进入到全面提高质量的新阶段。因此，构建科学的职业教育评价体系，加强对职业教育质量的监控，提高职业教育质量，已经成为我国职业教育持续、健康、和谐发展急需解决的问题。

目前，对我国职业教育质量的评价，按照评价主体不同，可以划分为教育行政部门主导的评价、职业院校内部评价和社会评价三种形式。教育行政部门实施的评价权威性强，对职业院校教育质量的提升影响力大；职业院校内部评价主要针对学校自身的教育教学、学生学业、管理等方面进行自主评价，各职业院校的内部评价既有共性，又各具特色，没有统一的标准和体系；至于社会评价，目前在国内并不是很普遍。其中，教育行政部门主导的评价主要有职业院校办学水平评价、职业院校教学质量评价、重点专业评价、课程评价这几种形式。

1. 职业院校办学水平评价

对职业院校办学水平的评价主要是对职业院校办学整体水平的评价，包括对办学思想、办学条件、软硬件建设、教学和管理等各方面的评价。由于对职业院校办学水平的评价有很多客观性的标准和因素，所以这种评价类型跟真正意义上的以内涵建设为主的职业教育质量评价还有一定差别。

2. 职业院校教学质量评价

职业教育教学质量的评价起步较晚。2000 年，教育部颁布的《关于全面推进素质教育、深化中等职业教育教学改革的意见》要求中等职业学校建立有利于培养学生全面素质和综合职业能力的教学质量评价体系。高等职业教育的教学质量评价工作是从 20 世纪 90 年代初开始的，而全面的高等职业教育教学质量评价是在 2000 年成立高职高专教育人才培养工作委员会之后开始的。2008 年，教育部正式发布《高等职业院校人才培养工作评估方案》，新评估方案增加了行业等社会评价主体，并且注重用人部门对毕业生质量的实际评价。

3. 重点专业评价

近年来，全国各省级教育行政部门都制订了重点专业评价指标体系，相继开展了职业院校重点专业或骨干特色专业的评价。① 从申报条件来看，参与重点专业评价的学校应是国家级、省部级重点学校及办学水平 A 级学校，所申报的专业应是能主动适应社会需求，办学特色突出，在行业或区域范围内有较大影响，且招生、就业形势较好的职业院校骨干专业。针对重点专业的评价，促进了各职业院校以市场需求为导向，不断调整专业结构，优化专业设置，深化教育教学改革，提高教育教学质量，切实加强专业实训基地、专业师资队伍等基础建设，形成专业优势，办出专业特色。

4. 课程评价

教育部采用"国家精品课程"这一措施，调动了地方和高校课程建设的积极性，各地区、各高等职业学院都通过评价推出了自己的精品课程，大大促进了高等职业学院的课程建设。

我国职业教育质量评价工作起步较晚，且存在诸多问题。例如，对评价理论的系统研究不够充分，没有形成完善的职业教育质量评价体系，评价主体过于单一，对评价方法和手段的研究比较少，等等。

---

① 王洪国.高等职业教育实践课程评价体系的构建 [J].苏州教育学院学报，2010（3）：86-88.

（二）职业教育质量评价体系的构建

1.构建原则

（1）整体性原则

职业教育质量评价是一个系统工程。在全面分析影响职业教育质量的各个维度和相互关系的基础上，使影响教育质量的各要素、教育过程中的各环节紧密联系，形成有机整体，以便进行有效的评价和诊断。

（2）开放性原则

在构建职业教育质量评价体系时，应把行业、企业人才需求规格作为人才培养质量的评判标准，将行业、企业对培养人才的满意度、学生与家长的满意度作为教育服务质量的评价标准，建立一个开放的且内部、外部教育质量评价主体共同参与的职业教育质量评价体系。

（3）发展性原则

在评价方向上，不仅注重专业的现实状态，还注重其未来发展，通过确定发展需求、制订发展目标、提供发展条件和机会，由浅入深、由初级目标向高级目标稳定推进，促进专业不断发展，以实现更高的目标。

（4）科学性原则

职业教育质量评价体系的构建要以国家的教育方针、政策为指导，要符合职业教育的发展规律和特点。评价方法要科学，评价手段要逐渐走向现代化。

（5）简约性原则

制订职业教育质量评价体系时，要从我国职业教育的实际出发，不应过于烦琐和追求理想化。同时，要考虑各地区的差异，注意教育事业发展的不平衡性，检测、计量方法要简便易行。

2.评价要素

提高教育质量是一项系统工程，既涉及职业院校内部改革、建设和管理的方方面面，又涉及职业院校外部的许多因素。从宏观角度来讲，职业教育包括职业教育教学、职业教育管理和职业教育绩效三部分。因此，对职业教育质量的评价就是对职业教育教学质量、职业教育管理质量和职业教育绩效质量的评价。影响教育质量的基本要素，即职业教育教学质量要素、职业教育管理质量要素和职业教育绩效质量要素。

（1）职业教育教学质量要素

职业教育教学质量要素的基本内容包括专业设置与专业建设、教学计划的制订与修订、课程建设、实验实训设施建设、教学质量考核、师资队伍建设等。在职业教育教学质量要素中，课程的开发与设置是影响职业教育教学质量的非常重要的内在因素。课程建设与专业建设及教材建设有十分密切的联系。从专业及课程之间的关系来看，专业建设是依托，课程建设是基础。因此，处理好职业院校专业与课程之间的关系也是提高职业教育质量的关键性因素。课程建设有两方面的任务：第一，要优化课程结构，重点是开发新课程、改造旧课程，科学建构不同课程之间的比例关系；第二，要提高课程教学质量，即要求职业教育课程在培养学生专业能力的同时，也要培养学生的职业能力和实操能力。基于上述分析，职业教育教学质量要素大致可分为教育资源保障和专业与课程建设两类，各类要素初步设计如图6-4所示。

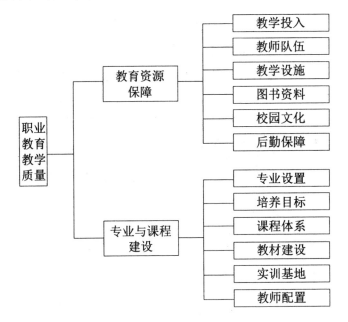

图6-4 职业教育教学质量各要素初步设计

（2）职业教育管理质量要素

职业教育质量保障主体应由职业院校自我保障、政府监管、社会保障三方面组成。职业院校自我保障的主要任务是对自身的教育教学质量进行管理。政府监管作为保障方式之一，其主要任务是制订有关职业院校质量保障体系的法规和政策。社会保障的主要任务是大力推进非政府中介评价机构的建立。综上所述，职业教育管理质量要素主要包括组织保障和教育教学过程控制两类，各类要素初步设计如图 6-5 所示。

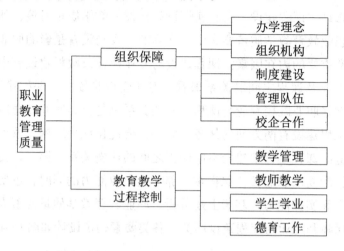

图 6-5　职业教育管理质量各要素初步设计

（3）职业教育绩效质量要素

职业教育绩效质量要素是建立与完善职业教育质量保障体系的重要内容之一。只有当职业院校成员以教学质量为第一目标时，才能使全体人员自觉提高教育质量。职业教育绩效质量要素大致可分为教育教学效果和社会评价两类，各类要素初步设计如图 6-6 所示。

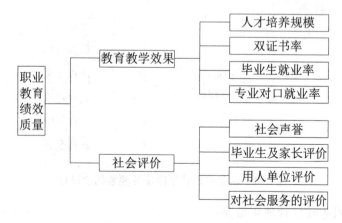

图 6-6　职业教育绩效质量各要素初步设计

通过对上述职业教育质量评价要素的分析，可将职业教育评价过程与评价要素相结合，从而得出职业教育质量评价示意图（见图 6-7）。

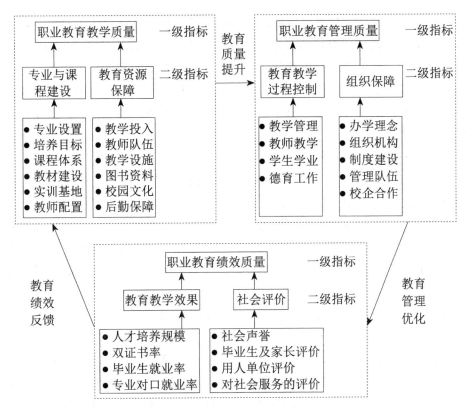

图6-7　职业教育质量评价示意

3.评价的对象、主体和结果

（1）评价对象分析

根据评价对象的不同，可将职业教育质量评价分为对职业院校的评价、对职业院校教师的评价及对职业院校学生质量的评价。

①对职业院校的评价

对职业院校的评价主要是根据职业院校的办学目标对其教学情况及管理情况进行评价。对职业院校的评价是为实现国家的教育目的服务的，应以"以评促建，评建结合，重在提高"为宗旨，使职业院校正确认识自身的定位，有效促进其办学水平的提高。对职业院校评价的根本目的是促使学校可持续发展，评价的内容包括办学指导思想、师资队伍、理论与实践教学、毕业生质量等。

在对职业院校的评价过程中，要注意以下三个方面。第一，质量保证应贯穿输入、过程、输出、结果且保持多个环节并重。第二，做到发展性评价。对职业院校的评价是发展性的，因此在评价时既要注重评价对象的现实表现，又要重视评价对象的未来发展潜力，重在促使评价对象"增值"。在评价方式上，提倡评价对象参与，注重激发评价对象的积极性等。第三，评价对象以教学系统为主体。由于教学是职业院校的中心工作，所以应将教学评价作为评价的主要对象。教学评价是职业院校教学管理的核心，是提高教学质量的动力。

②对职业院校教师的评价

教师评价有以下两个类型：一是对教师的工作业绩进行评价，二是对教师的发展进行评价。业绩评价关注可达到的、相对短期的目标，倾向于在某个时间段内给教师的业绩和能力下一个结论，对教学质量的监管起着重要作用。发展评价的目的是对教师的工作给予反馈，使教师明确个人的发展需求，并对其进行相应的培训，提高教师的能力，以促进其完成目前的任务或达到将来的目标。对教师进行评价的依据应是正确的教育价值观、学校的教育目标、教师的根本任务，以及教育部颁布的职业院校教师职业道德规范要求。对教师的评价内容有三个方面：第一，能否掌握先进的教学方法，是否具有较强的教学设计与教学实施能力；第二，是否具有较广的知识面和一定的专业知识；第三，是否具有较强的动手实践能力。对职业院校教师的评价，要注意三个方面：一是采用定量和定性相结合的办法，对教师的全部工作进行多指标、全方位的综合分析和判断；二是突出教师在评价中的主体地位；三是恰当处理业绩评价和发展评价之间的关系。

③对职业院校学生质量的评价

评价需求的多样性及被评价对象属性的差异性，决定了职业院校学生质量评价目的的多样性。第一，重在教育指导。职业院校学生质量评价旨在实现"帮助"而不是"挑剔"。第二，促进学生发展。对学生素质进行鉴定与评价，能够激发被评价者的主观能动性，激励他们不断发展与完善自身，客观上也有督促改进的作用。第三，结果反馈。在多元评价主体的广泛参与下，学生质量评价的实施及结果反馈能够促进学校教育、家庭教育、社会教育及学生自我教育的有效互动，推动学生评价的深入开展。职业教育是以能力为本位的教育，是培养适应生产、建设、管理、服务第一线需要的德、智、体、美、劳等全面发展的技能型人才的教育。因此，对职业院校学生的评价应从知识储备、职业能力、情感态度与价值观念四个方面来进行。在对职业院校的学生进行质量评价时，要注意以能力为核心、以学生为中心，注重实用性，并根据所在区域、学校、专业的特点做出调整。

（2）评价主体分析

根据职业教育质量评价主体的不同，职业教育质量评价可分为政府评价、社会评价和学校自我评价。这些内容在前文已涉及，不再展开。

（3）评价结果分析

职业教育质量评价的最终目的在于提高职业教育的质量，推动职业教育不断满足社会发展的需求。因此，职业教育质量评价的最终结果可以为职业教育的管理部门和实施单位提供信息参考和决策依据，从而促进职业教育的发展。从这个角度来讲，评价结果是否真实、合理具有重要意义。鉴于职业教育评价方式的多样性，评价结果应主要考虑评价主体、评价的侧重点及评价方法的区别。

（三）职业教育质量评价的策略

1. 以教学质量为核心，建立科学的评价体系

职业院校教学管理要坚持质量、规模、结构、效益相统一的原则，把改革教学、提高教学质量放在各项工作的核心位置，定期检查和评价学校的教学条件、教学水平和教育质量，建立严格而有效的教学管理监督制度及全面提高人才培养质量的有效的评价机制。这就涉及教学质量评价体系的设计问题，要明确适合学校发展水平的教育质量检测点，有针对性地把握学校教学管理中的问题，切实为职业院校的发展服务。

2. 制订科学的评价机制

在复杂的评价实践中，我们应把定性评价与定量评价有机结合起来，而内部评价和外部评价、形成性评价和总结性评价、单项评价和综合评价、相对评价和绝对评价等根据实际情况灵活地加以运用。我们建立的评价机制应注重社会发展和经济发展，以使评价有社会导向的功能，通过评价的指标和内容的设计，优化专业结构。职业院校应根据评价结果及时调整专业，改革课程与教学，培养市场需要的人才，并注重跟踪毕业生的就业及其发展情况。

3. 引入企业评价，建立毕业生跟踪反馈制度

社会是职业教育质量评价的重要主体。完整的社会评价和反馈机制，可以提高社会对职业教育的参与度和认同感，可以激活职业院校的办学机制，

提高其自我约束与自我发展的能力。企业评价是社会评价最主要的组成部分，它使职业教育更加贴近社会、贴近市场，以满足社会发展的需要，增强职业教育的生命力和吸引力。建立职业教育质量评价体系，应侧重企业对学校职业教育成果的评价，即学生满足企业需求程度的评价。目前，我国尚未形成完善的、长效的、以企业为主的社会参与职业教育质量评价的机制。本着可持续发展和终身教育的理念，加强职业教育管理，充分发挥职业教育质量评价的作用，应引入企业评价机制，建立毕业生跟踪反馈制度，通过毕业生、企业、职业院校之间的互动作用，将企业对职业教育发展的需求不断反馈给职业教育部门，在职业教育满足企业发展需要的同时，不断推进职业教育长期发展，使职业教育更具吸引力和生命力。

第七章 终身教育理念下职业教育体系构建的师资培养

第一节 职业教育教师的压力与角色

一、职业教育教师的压力

职业院校教师的职业压力主要源于以下三个方面。

（一）学生的质量较差

目前，职业院校的学生主要有三类：一是学习基础较差，有学习意识但自信心弱；二是喜欢动手钻研，对技能操作感兴趣；三是对学习根本不感兴趣，只为取得文凭。职业院校的学生中，有一部分人不爱学习；有一部分人想学但底子太薄；还有一部分人只对技能操作感兴趣，对理论学习不感兴趣。由此可知，职业院校的教师对学习氛围的营造比较吃力，教师很难体验到工作的乐趣，工作热情极易受到打击。此外，生涯质量参差不齐，给学生管理工作带来了极大压力，特别是寄宿制学校。

（二）学校的生存压力

由于社会对学历的盲目追求等原因，许多中等职业学校面临着"就业难、生源少"的困境。也就是说，毕业生一旦不能保证就业或学校招不来学生，学校就面临倒闭的困境。不少学校将招生任务分配给每个教师，并且与教师的工资、奖金、职称评定挂钩，因此，招生难也给教师带来很大的压力。

（三）自我发展的压力

随着科技的发展与市场的变化，职业院校的学科设置也在发生改变。这就要求教师改换专业或是丰富专业知识，需要教师深入系统地学习，否则可能面临被淘汰的风险。然而，学校一般不愿让教师离岗进修，教师只能一边教课，一边学习新知识，或是利用假期进修，因此造成较大的工作压力和精神压力。

此外，人际关系、角色冲突、教育改革等也都是职业院校教师的压力来源。当教师长期处于高水平的职业压力下无法有效解决的时候，就会产生职业倦怠感。所谓"职业倦怠"，是一种源于工作压力而产生的情绪衰竭、态度消极、行为消沉的不良心理适应状态。处于职业倦怠期的个体，情感处于极度疲劳状态，工作热情丧失，以消极、否定、麻木的态度对待自己的同事或学生，出现较强的自卑感和挫败感，消极评价自己的工作意义与价值，工作效能感降低。[①]

二、职业教育教师的角色

（一）对以往教师角色的反思

教师作为人类社会最久远的职业之一，在整个社会发展过程中充当着承前启后的重要角色，被誉为"春蚕""蜡烛""人梯""铺路石""园丁""托起太阳的人""人类灵魂的工程师"等。纵观这些对教师角色的比喻发现，它们更多的是强调教师职业的外在价值及这一职业所承载的社会功能，注重社会对教师职业的工具性价值需求，但并未关注教师自身的发展需求，如教师自我专业知识技能和职业素养的提升、自身生命质量的价值感受等。对教师角色的外在工具价值的认识，不能成为教师职业发展的内在动力。

通过"园丁""工程师"等比喻发现，传统的教师角色让教师不自觉地在学生面前扮演着主动者、权威者、支配者的角色，学生则成为被动的学习者、服从者。在"园丁"和"工程师"整齐划一标准的"修剪"和"铸造"下，个性迥异的学生的问题意识和创新意识受到压抑，不仅不能和教师在平等的基础上交流、对话，更不可能充分发挥自己的潜能及自由地发展自己的个性。

---

① 王爱玲.终身教育理念下的教师教育变革[J].内蒙古师范大学学报（教育科学版），
   2015（10）：1-3.

因此，在对传统教师角色进行反思的基础上，有必要重建新型的教师角色。

（二）新型教师角色的重建

新时期，理想的教师应该扮演以下四种角色。

1. 民主型的组织者

随着现代科技的发展，教师在知识领域拥有的绝对权威地位逐渐丧失，网络教学的介入使学生获得知识信息的渠道更加便捷。虽然职业院校的学生对新信息的敏感度高，但对学习的参与热情不高、学习动机不强。这就要求职业院校的教师重新审视过往，从过去的自己身上积累经验，做一个民主型的组织者，承担起激发学生学习动力、提高班级活动与课堂教学的参与度、指导学生进行自主学习等责任，给学生充分的自主权，让学生去探究、去创造，并给学生营造一个广阔的发展空间。

2. 学生个性发展的促进者

多数职业院校的学生，其学习成绩、道德素质和学习态度都有进一步提高和培养的空间。家长把子女送到学校，其主要目的是希望学校能在培养他们的子女掌握一技之长的同时，优化孩子的个性品质，让孩子能够更顺利地走向社会。与其他类型的学校，尤其是普通高校相比，职业院校教师所担负的责任更为重大，在教学过程中要时刻关注学生的情感、态度、价值观念等，全面促进学生的个性发展。

3. 学生学习的协作者

建构主义学习理论认为，"协作学习"对知识意义的建构起着关键性的作用。由于职业教育重视对学生实际动手能力的培养，"做中学"是职业教育的特色，因此更强调学生之间、师生之间的协作交流，以及学生和教学内容与教学媒体之间的相互作用。有效地安排组织协作也是建构主义教学的关键性因素，学生在完成指定的学习任务后，教师可以根据不同的教学目标，按学生的能力和个性差异，将学生分成若干个学习小组，采取多种方式来完成协作任务。在这个过程中，教师也要参与到学生的小组讨论中，并给予指导、帮助和评价，成为学生学习的协作者。

4.教育教学发展中的反思者和研究者

职业院校为了适应社会需求的变化，所设置的专业往往更新较快，这也导致教材、教法的滞后，因此要保证教育教学的质量，就要对教学的内容进行深入研究。中等职业院校的学生作为基础教育中的较特殊群体，心理困惑、心理冲突的现象相对于普通高中的学生更为突出。此外，职业教育作为一种开放式的教育，学生完全凭个人意愿选择是否就读，导致职业院校学生的流失。因此，教师有必要对学生问题进行研究，反思自己的教育教学方法，以寻找合适的对策。

（三）教师的角色冲突

除了职业对教师所扮演角色的规范，社会也对教师的角色提出了更高的期望。例如，教师不仅承担着教育职责，还是"学生的表率""公民的模范"等社会角色。这些职业角色、社会角色和家庭角色融合在一起，构成了教师的角色集合，赋予其多重社会责任。当多重角色压力袭来，教师在短期内又无法迅速调整时，就会出现角色冲突。

第二节　职业教育教师的能力与素质

一、职业教育教师的职业能力

（一）实践教学能力

实践教学能力是"双师型"教师的核心能力。职业教育的办学目标主要是以培养社会需要的人才为主，培养高素质的技能型专门人才，这些人才都是生产、建设、管理和服务一线非常需要的人才。职业教育对校企合作和工学结合的办学模式非常推崇，特别重视第二课堂和第三课堂的教学。这对职业教育教师提出了新的要求，他们不能再像以前那样按照传统的"理论＋实验"的模式进行教学，而是要积极实施项目驱动、任务引导的教学方法，模拟企业现场环境，大力推广实训教学。因此，职业教育教师必须具备可以熟练运用本学科知识解决实际问题的能力，只有这样，他们才能培养出合格的、满足社会需求的技术应用型人才。

综上可知，实践教学能力也是职业教育教师应该具备的一项重要能力，还要注意两个方面：第一，这种能力是针对教师本身而言的，教师只有获得一定的专业资格，以证明其具有将专业知识应用于实践的能力，才能更好地进行教学实践；第二，教师的实践能力要体现在学生身上，必须将这种实操能力传授给学生，教师的实践能力才算有用。

职业教育教师活动的基本环境是学校、班级、企业，这是与其他教育明显不同的地方，教师不仅在课堂上给学生上课，还需要经常带学生到企业生产一线进行实习、实训；或者由于生产工艺的需要，一个班级又要分成几个小组开展活动，这些给教师的管理带来难度，客观上要求教师具备较强的组织管理能力和协调能力。良好的组织管理和协调能力是推动教学发展、增强教学效果的润滑剂。

（二）教学设计和调控能力

教学是教师的基本职责，也是其最主要的工作。教学能力是指教师组织和实施教学的能力，是职业教育教师的基本能力，包括加工教育影响的能力和对教育影响进行有效传导的能力，以及较强的组织管理能力。职业教育的课程体系是根据岗位或岗位群所需能力来设计的，所以教师要有能力根据实际需要设计和调整教学。

在职业教育的过程中，对学生造成影响的因素有很多，但是需要注意的是，并非所有的影响因素都具有教育价值。因此，职业教育教师在教学实践中要具有对这些影响因素进行辨别和加工的能力，找到有教育价值的影响，对学生进行最恰当的培养。教师对教育影响和教育信息进行加工之后，要想被学生很好地接受和掌握，必须经过合理有效的传导。因此，职业教育教师在进行教学活动的时候，要充分运用语言和非语言的表达能力将各种教育影响正确传达出来。

此外，职业教育教师面对的是一群学生，所以还需要有一定的组织管理能力，包括确定班级目标和计划的能力，组织教学、实习的能力，做好思想政治教育工作的能力，开展各种校内外活动的能力，尤其是要掌握一些企业管理知识。只有联系生产实际进行教学，才能让学生对企业的生产管理有所了解，能够极大提高毕业后学生对社会和岗位的适应能力。

（三）教学迁移能力

职业教育的专业设置必须适应地方经济和社会发展的需要，具有区域性的灵活性。因此，职业教育教师必须具备教学迁移能力。当专业设置发生变动时，职业教育教师能够顺利地实现从原来所教授的专业教学科目到新设专业或相邻专业教学科目的转移，尽快胜任新的教学工作，真正实现职业教育师资一专多能的目标。

（四）科研能力

职业院校的科研活动主要是教学科研、新技术推广、设备改造和技术革新等。职业教育教师要具有教育理论研究的能力，主持、参与专业教学改革，用先进的教育教学理论指导教学工作。现代科学技术的发展促进各学科的相互交叉、渗透并产生新学科。新技术不断出现，产业结构不断调整，使得新的职业不断产生，旧的职业逐步改造直至消亡。职业教育教师要通过科技项目开发，掌握新思想、新技术、新方法，提高学术水平，促进产学研紧密结合，以科研促进教学，以教学带动科研，在教学中发现问题，在研究中解决问题。同时，职业教育教师还要在职业变动中，开发设计新的职业课程。

因此，职业教育教师不仅要成为一名教书育人的合格教师，还要成为既具有实践教学能力，又具备专业理论知识的教学科研人员。

二、职业教育教师的素质要求

职业教育教师的素质结构是指职业教育教师应具备的各项素质要求。职业教育教师要想使自己在工作中发挥最佳状态，应具备以下职业素质。

（一）专业文化素质

知识是联结教师和学生的重要纽带。职业教育教师的专业文化素质会对其教学过程产生极为重要的影响。具体而言，职业教育教师的专业文化素质应包括以下三方面的内容。

1. 广博的文化基础知识

文化基础知识是知识体系最稳定和持久的部分，是所有知识的基础。对于职业教育教师而言，拥有广博的文化基础知识是必要的，而广博的文化基础知识除了包括与其专业相关的自然科学知识，还包括社会科学知识和哲学人文方面的知识。

2. 扎实的专业知识与精湛的技术技能

职业教育专业教师大多为"双师型"教师。第一，教师应该精通本专业的理论知识，熟悉专业的历史渊源、发展现状及未来的发展趋势。第二，随着职业的不断变化，教育职业的专业设置也在不断调整，职业教育教师不仅要掌握本专业的技术技能，有较强的动手实践能力，而且要树立终身学习的观念，不断学习新的知识和技术，这样才能满足职业教育培养兼有专业理论与操作技能的人才的需要。

3. 较强的解决实际问题的能力

职业教育有一个非常明显的特征，那就是它与生产活动是紧密联系的，教师在这个联系过程中要起到联结教育和生产的作用。所以，职业教育教师应该具有一定的生产经验和解决一些生产实际问题的能力。随着社会主义市场经济体制的不断完善，职业教育教师还需要具有一定的市场经济意识和经营管理能力。职业教育教师需要具备较强的综合能力才可以更好地适应社会的发展。

（二）思想道德素质

思想道德素质是职业教育教师整体素质的核心内容，也是其工作的精神支柱，它决定着教师职业活动的方向和态度，影响着教师专业文化素质的发挥，并且直接关系到学生思想品德的形成。

1. 优良的思想素质

在我国，职业教育教师应当具有坚定的共产主义信念和强烈的爱国热情，是中国共产党的教育方针政策的积极拥护者和坚定执行者。因此，职业教育教师必须认真学习中国共产党的基本路线、方针政策，不断提高自己的思想政治水平；自觉地运用辩证唯物主义和历史唯物主义的世界观和方法论，认识和掌握人类社会发展的客观规律，热情地传播并勇敢地捍卫真理，进而推动社会进步。

2. 崇高的职业道德

教师的职业道德简称"师德"，一般是指教师在教育活动中必须履行的行为准则和规范，是教师对社会和受教育者应尽的道德责任和义务。教师的职业道德是一种强有力的教育因素和教育手段，它制约着教育目标的实现和教育事业的发展。教师的职业道德具体表现为热爱职业教育，爱岗敬业；尊重学生，严而有爱；尊重同事，团结协作；以身作则，为人师表。

（三）教学科研素质

教学和科研对职业教育教师的重要性就像翅膀对于鸟儿一样，而且教学和科研要相互配合。职业教育教师要具备一定的教学科研素质，其主要体现在以下两个方面。

1.高超的教学能力

作为教育者，教师的教学能力主要表现在教书育人的教学行为上。教师的教学行为是对其教学水平的直接体现。职业教育教师需要具备的教学能力主要包括加工教学信息能力、传导教学信息能力及组织管理能力等。

2.基本的教育科研素养

职业教育科学研究是一种以科学理论为指导，运用科学研究方法，揭示职业教育规律，解决职业教育发展中存在的问题的活动。一方面，教育实践是教育科学理论发展的直接动力和源泉；另一方面，教学理论的科学性和可行性又对教育实践的检验有所依赖。所以，从事教育实践的人拥有促进教育理论的丰富和发展的条件。职业教育实践的主体是教师，他们最有条件发现职业教育中存在的问题。具备良好教育科研素质的教师不仅有利于改善教育教学质量，还对教育科学的繁荣有所助益。

第三节　职业教育的师资结构与现状

本节以某职业院校为研究对象来分析职业院校师资队伍建设的现状及其特点。考虑到数据的可靠性和前后的一致性，本节的数据来源于某市 2019 年的统计年鉴。总体来看，该市拥有职业教育院校 75 所，其中，民办高校 9 所，成人高校 6 所，高专院校 21 所（包括重点中专内的高等职业教育），普通职院 25 所，高等职院 14 所；职业院校共有教师 20075 名，其中，专职理论教学教师 14463 名，专职实践教学教师 3257 名，"双师型"教师 2355 名。笔者将通过相关的统计数据对师资队伍中专职理论教学教师的基本结构、专职实践教学教师的基本结构及"双师型"教师的基本结构进行详细分析。

一、专职理论教学教师的基本结构

（一）专职理论教学教师的职称结构

2019 年，该市 5 类职业院校共有专职理论教学教师 14463 名。其中，民办高校正高和副高职称的比例最高，达 56%；高专院校和普通职院的正高和副高职称比例稍低，在 22.9% 和 35%。5 类职业院校专职理论教学教师的职称结构情况如表 7-1 所示。

表 7-1 专职理论教学教师的职称结构

院校类别	数量（名）	正高（%）	副高（%）	中级（%）	初级（%）	无职称（%）
高等职院	3565	7.4	37.8	40.5	13.6	0.7
普通职院	6763	2.6	32.4	41.4	16.2	7.4
高专院校	2075	1.3	21.6	47.3	27.6	2.2
成人高校	1274	1.5	18.7	52.3	18.9	8.6
民办高校	786	14.7	41.3	27.4	13.8	2.8

（二）专职理论教学教师的年龄结构

2019 年，在该市 5 类职业院校的共 14463 名专职理论教学教师中，30 岁以下的占教师总数的 18.9%，31—40 岁的占教师总数的 47.4%，41—50 岁的占教师总数的 21.4%，51 岁以上的占 12.3%。总体来看，理论教学教师的年龄普遍较小，40 岁以下的占教师总数的 66.3%。其中，高专院校和普通职院 40 岁以下的理论教学教师占此年龄段教师数量的 70% 以上。民办高校理论教学教师的年龄偏大，51 岁以上的占此年龄段教师数量的 50% 以上。5 类职业院校专职理论教学教师的年龄结构情况如表 7-2 所示。

表 7-2　专职理论教学教师的年龄结构

院校类别	数量（名）	30 岁以下（%）	31—40 岁（%）	41—50 岁（%）	51 岁以上（%）
高等职院	3565	14.6	41.5	23.6	20.3
普通职院	6763	29.4	48.8	16.2	5.6
高专院校	2075	26.3	44.7	15.9	13.1
成人高校	1274	17.8	38.8	29.6	13.8
民办高校	786	18.7	11.6	24.4	45.3

（三）专职理论教学教师的学历结构

在该市的 5 类职业院校的 14463 名专职理论教学教师中，拥有本科学历的最多，占教师总数的 62.8%；拥有研究生学历的教师较少，只占教师总数的 31.3%，其中拥有博士学位的教师不到 0.7%。因此在学历结构上，博士学位人才的引进应当适度加大。5 类职业院校专职理论教学教师的学历结构情况如表 7-3 所示。

表 7-3　专职理论教学教师的学历结构

院校类别	数量（名）	研究生（%）	本科（%）	专科（%）
高等职院	3565	35.4	62.9	1.7
普通职院	6763	30.7	65.5	3.8
高专院校	2075	31.4	66.2	2.4
成人高校	1274	26.8	71.6	1.6
民办高校	786	32.3	65.6	2.1

二、专职实践教学教师的基本结构

（一）专职实践教学教师的职称结构

2019 年，该市的 5 类职业院校共有专职实践教学教师 3257 名，其中，民办高校教师的高级职称比例较高，达 49.6%；普通职院教师的高级职称比例较低，只有 17.5%；其他 3 类学校相差不多，都在 30% 左右。5 类职业院校专职实践教学教师的职称结构情况如表 7-4 所示。

表 7-4　专职实践教学教师的职称结构

院校类别	数量（名）	正高（%）	副高（%）	中级（%）	初级（%）
高等职院	336	0.1	30.3	47.6	22.0
普通职院	302	2.3	15.2	46.9	35.6
高专院校	1558	6.5	23.5	48.3	21.7
成人高校	847	4.4	24.7	51.3	19.6
民办高校	214	9.4	40.2	25.8	24.6

（二）专职实践教学教师的年龄结构

2019 年，在该市 5 类职业院校的 3257 名专职实践教学教师中，30 岁以下的占教师总数的 23.6%，31—40 岁的占教师总数的 38.4%，41—50 岁的占教师总数的 23.4%，51 岁以上的占教师总数的 14.6%。总体来看，实践教学教师的年龄较低，40 岁以下的占教师总数的 62.0%，51 岁以上的只占14.6%。其中，普通职院 40 岁以下的专职实践教学教师最多，已接近此类教师总数的 80%。5 类职业院校专职实践教学教师的年龄结构情况如表 7-5 所示。

表 7-5　专职实践教学教师的年龄结构

院校类别	数量（名）	30 岁以下（%）	31—40 岁（%）	41—50 岁（%）	51 岁以上（%）
高等职院	336	16.3	42.1	30.8	10.8
普通职院	302	38.7	37.6	13.2	10.5
高专院校	1558	27.6	35.5	20.4	16.5
成人高校	847	10.2	48.1	29.6	12.1
民办高校	214	37.3	16.4	24.1	22.2

（三）专职实践教学教师的学历结构

2019 年，在该市 5 类职业院校的 3257 名专职实践教学教师中，拥有本科学历和专科学历的教师较多，占教师总数的 89.2%；拥有研究生学历的教师较少，只占教师总数的 10.8%。5 类职业院校专职实践教学教师的学历结构情况如表 7-6 所示。

表 7-6　专职实践教学教师的学历结构

院校类别	数量（名）	研究生（%）	本科（%）	专科（%）
高等职院	336	23.6	58.7	17.7
普通职院	302	11.5	71.9	16.6
高专院校	1558	7.7	76.7	15.6
成人高校	847	9.3	63.1	27.6
民办高校	214	18.4	64.8	16.8

三、"双师型"教师的基本结构

2019 年，全国"双师型"教师总量为 45.56 万人，该市 5 类职业院校共有"双师型"教师 2355 名，占全国"双师型"教师总数的 0.52%。调查发现，高等职院中"双师型"教师的比例最高，达 40.6%；而高专院校中"双师型"教师的比例偏低，只占 8.0%。表 7-7、表 7-8 分别给出了 5 类院校"双师型"教师的年龄结构和学历结构情况。

表 7-7　"双师型"教师的年龄结构

院校类别	数量（名）	30 岁以下（%）	31—40 岁（%）	41—50 岁（%）	51 岁以上（%）
高等职院	957	8.6	58.2	23.5	9.7
普通职院	582	27.6	40.6	21.2	10.6
高专院校	188	16.5	49.3	18.4	15.8
成人高校	269	7.3	35.5	38.7	18.5
民办高校	359	19.3	33.4	32.6	14.7

"双师型"教师的年龄结构中,31—40岁的教师占据"双师型"教师总数的46.8%,年龄小于30岁的教师也占了一定的比例,这说明各学校都有比较完善的教师管理与培训制度,有利于中青年教师的成长。另外,国家重视高等教育,教师的社会地位和待遇逐年提高,吸引了很多青年知识分子投身教育事业,所以学校中青年教师人数迅速增加。

表 7-8 "双师型"教师的学历结构

院校类别	数量（名）	研究生（%）	本科（%）	专科（%）
高等职院	957	23.7	71.1	5.2
普通职院	582	21.2	71.6	7.2
高专院校	188	27.6	68.8	3.6
成人高校	269	12.5	78.8	8.7
民办高校	359	37.5	58.7	3.8

"双师型"教师的学历结构中,拥有研究生学历的教师比例不大,占教师总数的24.2%左右;拥有本科学历的教师占比达到70.0%。因此在加强"双师型"师资队伍建设时,应逐步提高高学历教师的比例,尤其是拥有研究生学历教师的比例。

第四节 终身教育理念下"双师型"教师队伍的建设

一、完善政策、制度体系

（一）制订和完善"双师型"教师队伍建设的政策、法规

1.制订职业学校教师编制政策

教师的编制问题直接影响着"双师型"教师的配备、师资数量与学校发展规模的匹配、"双师型"教师培养工作的宏观分析和决策。针对职业教育实践性教学环节多、班级规模小、个性化培养要求高、常规管理难度大、技术更新快而导致的培训（进修）难度大等问题,要制订切合职业教育发展实际、统一的教师编制核定办法,即"在规模上要求师生比高于普通高中师生

比；在专业结构上要求突出专业课教师，尤其是'双师型'教师的比重；在能力结构上要求强调教师的动手能力，突出'双师型'教师的素质；在教师的进出上要保证校企间的双向合理流动；在招聘教师上要确保学校的用人自主权。同时，教师编制数量应根据在校生数量确定，并有20%以上的编制用于聘请兼职教师"。要实行灵活的职业学校教师编制管理办法，逐步建立专职教师与兼职教师相结合、固定岗位与流动岗位相结合的用人制度，允许职业院校灵活运用教师编制，自主外聘专、兼职教师。

2. 制订符合职教系统的职称评审政策

目前，在教师职称评审过程中，大部分中职学校教师的专业技术职称评审与普通院校采用同一个标准，教师专业技术职务晋升重论文、轻实践，严重影响了专业教师提高专业技能水平的积极性。"分层认定、注重时效、与考评挂钩、聘用职业教育需要的教师是教师资格证管理的改革方向。"因此，教育部和各地教育行政部门应尽快采取措施，为职业学校"双师型"教师制订相应的、独立的职称评审政策，除了特定的学历、论文等要求，还要突出相关工作经历、职业实践经验，以及项目、技术开发等方面的要求，应把是否具备"双师型"教师素质作为晋升专业技术职务时评审的重要条件之一，有效促进职业学校"双师型"教师队伍的建设。"要进一步完善教师职务聘任制度，实行教师资格证书和专业合格证书制度，加强教师聘任后的管理和考核，实行定期聘任，择优上岗。"疏通渠道，争取并鼓励教师参加本系统、本行业技术职务的评审，并从时间上、经费上给予大力支持，支持他们积极参加全国统一的各种专业技术职务资格考试，让更多的教师能够取得相应的专业技术职称。

3. 确立科学的"双师型"教师认定标准

评价是教师发展的动力，认定是教师价值的体现。由于对"双师型"教师概念界定的不统一、内涵把握的不同，所以在实际操作过程中，教育主管部门、职业院校和研究学者制订或提出了各不相同的标准，有的强调"双师型"教师的素质和能力，有的突出硬性的规定和要求。① 标准不同，直接影响"双师型"教师队伍建设的方向。针对当前职业学校教师队伍的现状，教

---

① 田燕，李金生. 面向卓越教师培养的教学团队建设策略研究 [J]. 江苏师范大学学报（哲学社会科学版），2015（5）：137-140.

育主管部门应科学制订"双师型"教师认定标准，标准可以参照教育部高教司在高职高专教育教学工作合格学校评价体系中对"双师素质"的规定。"在标准的研究、制订过程中，要充分考虑'双师型'教师的成长规律，分层次做出规划、认定，以激励不同专业技术职务等级、不同职业技能等级的'双师型'教师都有各自的前进方向和奋斗目标。"具体操作上逐步建立更为细化的标准，视情况设立初级、中级和高级等不同级别。由各省、自治区、直辖市教育厅牵头设立"双师型"教师认定中心，使"双师型"教师的认定具有权威性和规范性，从而在整体上提高"双师型"教师的素质。对拥有"双师型"教师资格的教师每年加以考核，并设立有效期；对资格证已超出期限的"双师型"教师，应重新申报、认定其资格，以确保"双师型"教师的素质和能力能够与时俱进。

（二）优化职业院校"双师型"教师队伍建设制度

1.优化人事制度，畅通人才引进渠道

人事制度改革滞后是制约当前"双师型"师资队伍建设的一个重要原因。例如，职业学校缺乏灵活的用人自主权，难以根据学校专业、规模等变化自主聘用教师；需要的人进不来，不需要的人出不去，岗位能上不能下的现象普遍存在；工资待遇仅按职称、教龄分配，"双师型"教师与非"双师型"教师的差异在待遇上没有得到体现。因此，必须加快推进职业学校的人事制度改革，主要从以下三个方面入手。一是在人事制度上，按国家标准（2010年教育部发布的《中等职业学校设置标准》规定中职学校师生比为1∶20）配备教师，缓解学校在编教师严重紧缺的问题，尤其是专业教师紧缺的现象。二是开通人才引进的"绿色通道"，创新用人机制。人事、劳动保障部门应积极为职业学校招聘高技能人才提供服务，允许职业学校不受编制限制，以聘用制的形式，通过竞争上岗、择优聘用、合同管理等方式，面向社会公开招聘具有丰富实践经验的专业技术人员担任专业课教师或实习指导教师。对于从社会上引进的工程技术人员或能工巧匠，教育行政部门应在学历和教师资格上放宽条件，由学校自主管理，并享受合同规定的相关待遇。三是学校在经费使用上应拥有一定范围的自主权，高薪聘用企业工程师兼任学校教师，弥补学校专业教师、实习实训指导教师的不足，同时引进企业生产、管理、服务等先进经验，确保学生毕业后"零距离"上岗。

由于专业设置、课程结构随就业市场的变化而不断调整，教师队伍建设还应处理好相对稳定和相应变化的关系，"既要保证专业教师有稳定的来源渠道，又要打破教师职业的'身份制'和职务聘任的'终身制'，变教师'身份管理'为'岗位管理'，变'终身聘任'为'竞争上岗'，分流富余人员及不合格人员，建立职业教育人才交流服务机构，实行人事综合代理，使落聘教师和富余人员进入人才市场，合理分流；同时，结合国家教师资格认定工作，拓宽教师来源，使社会上具有教师资格的人员能有机会通过聘任制加入教师队伍"。

2. 健全教师培训体系，完善相关行业制度

从国外的经验可以看出，建立职教教师培养体系，注重教师的职前培养，这些都是十分必要的。我国对职业教育教师的培养基本沿用普通教师的培养模式，即学校本位培养模式，但从普通高校毕业的教师普遍缺乏企业实践经验。随着经济的飞速发展，不断派生出新的热门职业，如动漫设计、物业管理等，而教师的培养跟不上社会经济的发展。在《教育部关于"十一五"期间加强中等职业学校教师队伍建设的意见》中强调，要加强职教师资基地建设，进一步完善职教师资培养培训体系。职教师资基地要进一步加强自身建设，改善培养培训条件，重视以培养培训项目体系为核心的内涵建设，创出品牌和特色，努力使基地成为职教师资培养培训的主阵地和职教师资科研的重要平台。因此，为了职业教育的长远发展，应"由国家统筹与规划，教育部在全国有条件的地方建立和完善一系列高职培训院校和培训基地，从根本上保障高职师资的供应"。同时，要努力完善培训的各类机制，避免基地院校提供的培训与学校教学实际相脱离的现象。

3. 实施教师绩效工资制度

国外职业教育教师的社会福利、工资待遇、社会地位明显高于普通学校的教师，因此，职业吸引力强，师资队伍稳定。这是由于其对职业教育教师在素质、水平方面的要求高于普通学校的教师。在我国，虽然教师待遇逐年提高，但总体而言力度不够，与教师的实际付出不相符。职教教师面对的学生的学习能力比普通学校差，管理难度大，消耗精力多，既要从事专业课教学，又要带学生参加实习实训，指导毕业设计。随着招生规模的不断扩大，师资明显不足，教师工作量普遍加大。自 2009 年义务教育阶段实施绩效工资以来，教师工作积极性有所提高。因此，职业教育也应实施教师绩效工资，确保教师待遇，提高教师的工作积极性。

（三）全面贯彻落实相关政策，提供必要的经费保障

目前，在职业教育领域，德国、澳大利亚、新西兰等国政府都在增加资金投入，大力支持职业教育事业的发展。可见，增加资金投入是加强"双师型"教师队伍建设的有力保证。近年来，我国各级政府对职业教育都很重视，资金投入也有所增加，但由于职业教育底子薄、基础差，大多数学校的经费都用于解决基础设施、增添实训设备上，用于师资培训的经费很少，对"双师型"教师队伍建设的经费投入更是有限。所以，应加大政府对职业教育的资金投入力度，逐步增加公共财政对职业教育的投入，重点落实好国家和各级地方政府已出台的有利于职业学校建设发展的政策、措施。例如，江苏省政府在 2006 年发布的《关于大力发展职业教育的决定》中提出："要制定不同类型职业院校学生生均经费标准，安排专项经费重点支持示范性院校、技能型紧缺人才专业和实训基地建设及师资培训、扶贫助学……从 2006 年起，城市教育费附加用于职业教育的比例不低于 30%……市、县（市、区）政府和省发展改革、科技、农林、扶贫等部门在安排农业基础设施建设、农村科技开发及扶贫资金时，要列支部分经费用于农村职业院校、乡镇成人教育中心校的实用技术推广和劳动力转移培训。职业院校和培训机构开展的下岗失业人员再就业培训，可按规定享受再就业培训补贴。"应根据《江苏省职工教育条例》中关于"职工教育经费按照企业职工核定工资总额的 2%—2.5% 提取"，市、县（市、区）政府可统筹其中的 0.5% 用于发展本地的职业教育的规定，足额提取职业教育发展经费，并落实"凡通过政府部门或非营利组织对职业教育的资助和捐赠，可在应纳税所得额中全额扣除"的政策。加强政府引导，鼓励企事业单位、社会团体和公民个人对职业教育捐资助学。对积极支持职教事业的企事业单位给予一定的税收优惠政策和信贷支持。

二、注重校本培训

校本培训的三层含义是"为了学校，在学校中，基于学校"。校本培训是为了学校的发展，在学校中利用学校教育资源进行的一种教师继续教育的活动。校本培训是根据学校实际、教师工作及教师个人专业发展的需求来确定培训内容和培训形式，注重解决教师在实际工作中遇到的各种问题，着力满足教师的不同需要，具有很强的针对性和较高的实效性，且简便易行，还有利于教师的持续发展。"发挥'校本'优势是一种自力更生的做法，其目的在

于充分利用自身的资源优势，建立'双师型'师资队伍，但应当注意与外界的信息沟通，及时了解行业发展的新动向、新要求并及时反映到教学中去。"

（一）制订"双师型"教师队伍建设发展规划

"'双师型'教师队伍建设是一项系统工程、长线工程，为了实施好这一工程，必须要有总体规划。各校在规划中应针对现有专业教师队伍中的年龄、学历、职称结构，以及职业技能、实践经验、发展方向等要素进行分类和具体分析，找出优势和不足。据此提出'双师型'教师队伍建设发展规划。"师资培训工作是"双师型"教师队伍建设的重要组成部分，学校要把"双师型"教师队伍建设纳入学校教育发展的总体规划中，纳入学校每学年的工作计划中，并指定相关处室专人负责，有计划、有步骤地安排专业教师轮流参加各级各类培训。同时，围绕地方经济和产业发展、结构调整的需求，结合学校专业建设、教师队伍的现状，制订学校中长期师资培训计划，科学规划教师专业发展方案，明确培养方向，尊重教师个人意愿，为每一位教师量身制订个人专业发展规划，加快"双师型"教师队伍建设的实施步伐，努力建立一支数量足、质量高、结构合理的"双师型"教师队伍，不断提升教师的执教能力和操作技能水平。

（二）加强学习与交流

全面学习、贯彻落实《中华人民共和国职业教育法》《中小学教师职业道德规范》，加强师德教育，建立、完善"首遇责任制、部门责任制、课堂责任制、责任追究制"等约束制度，开展理论学习、师德论坛、榜样引领、骨干示范、爱心公益、科学评价等活动，引导教师严于律己、为人师表、爱岗敬业、关爱学生，倡导敬业奉献精神，树立良好的师德形象。通过各种会议、讲座等介绍国内外职业教育发展的趋势，宣传上级部门关于加强中职教育师资队伍建设的有关精神，转变重理论、轻实践的传统观念，使教师明确向"双师型"教师发展的重要性，提高教师专业发展的积极性和主动性。利用教研活动、专家讲座、双周一读、读书活动等方式，积极营造良好的学习环境，引导教师终身学习、自主学习和小组学习，加强理论指导和引领，鼓励教师参加函授考试、考级考证，整体提升教师的专业素质。

（三）实施教师队伍建设中的"三大工程"

教师队伍建设中的"三大工程"指的是青蓝工程、领雁工程和名师工程。其一，实施"青蓝工程"，加快新教师的成长步伐。开展新老教师"结对助教"活动，给每位新教师配备业务指导教师和班主任指导教师各一名，专业课教师则再加一名实习实训指导教师，通过签订协议，明确师徒各自的职责和权利，通过"传帮带"，积极发挥优秀骨干教师的示范引领作用，使新教师（指三年达标期内的教师）迅速适应岗位要求，掌握各项教学常规。其二，实施"领雁工程"，夯实青年骨干教师阵营。通过培养与使用相结合的方式，推荐培训，给任务，压担子，大力培养青年骨干教师，使青年教师脱颖而出，成为学校教师队伍的中坚力量。其三，实施"名师工程"，打造名师团队。建立名师工作室，并通过送出去、请进来、结拜名师、课题引领等方式，在现有中高级教师中培养学校专业技能能手、学科带头人，并在省、市范围内同专业领域形成一定的影响，成为学校教师专业发展的领军人物，从而推动学校品牌建设。通过实施教师队伍分层建设的"三大工程"，畅通教师专业成长的发展通道。

三、规范兼职教师队伍

按照《国务院关于大力发展职业教育的决定》中的有关精神，教育部、财政部支持、引导职业学校面向社会聘请专业技术人员、高技能人才担任兼职教师，缓解专业教师不足的问题，优化教师队伍结构，创新职业学校用人制度，促进职业教育扩大规模、提高质量。"随着地区产业结构的调整，社会急需人才常常快于专业的建设。兼职教师缩短了专业教师的培训时间，降低了专业教师的培养成本，加快了专业教师的成长速度，是中职学校不可缺少的力量。"

（一）重视聘任环节

教育部规定，特聘兼职教师的原则是具备良好的职业道德、专业素养和较高的技能水平，具有中级以上专业技术职务或高级工以上职业资格，或者是在相关行业领域享有较高声誉、具有丰富实践经验和特殊技能的"能工巧匠"，品行端正，身心健康，能胜任相应的教学工作。目前，学校聘任兼职教师主要侧重"三高"（高学历、高职称、高技能）人才。特聘兼职教师要面向社会公开招聘，严格考核，择优录用。各地可采取灵活的聘任和报酬支付方式，聘期可根据教学需要由学校自行确定，但原则上不少于一个学期。学校要和被选聘的兼职教师签订聘用协议，以确定双方的职责和义务。学校要依托行业，面向企业、兄弟学校，逐步建立起数量充足、素质优良、相对稳定的兼职教师资源信息库。

（二）规范管理过程

兼职教师不实行坐班制，难以保证教学工作的连续性，也缺乏必要的教研活动，执教的随意性较大。兼职教师按课时结算报酬，缺乏对教学工作相应的考核机制，当教学工作与企业工作发生冲突时，兼职教师往往先确保企业工作，教学工作选择停课或调课，影响正常教学秩序，教学的质量难以保障。所以，应加强对兼职教师队伍的管理工作，对兼职教师的备课、课堂教学、作业布置与检查、成绩考核等方面做出明确的要求，规范教学行为，提高教学质量。建立兼职教师业务档案，及时收集、整理反映兼职教师基本情况和教学活动的各种资料，对教学效果差、学生反映强烈的教师应及时解聘。同时，学校要积极营造和谐的工作环境，平等对待专任教师和兼职教师，搭建专、兼职教师交流平台；共同制订专业建设和课程改革计划，并鼓励兼职教师积极参与教学科研工作，发挥其在教学和教改中的重要作用，让兼职教师在学校充分施展才华，增强兼职教师的归属感。

（三）丰富培训内容

非师范院校出身的兼职教师主要来自企业、工厂和社会，缺乏系统的教育教学理论知识，往往会做不会说，重视经验和技能的传授，而忽视对学生世界观、价值观、人生观的正确引导，所以需要通过学校培训来提高兼职教师的教育教学水平。对兼职教师的培训内容应是兼职教师感兴趣的项目或急需解决的问题，学校可让教学经验丰富的教师帮助他们过备课关、教学关，学习教育心理学，提高教育教学艺术，组织他们通过参加集体备课、教研活动、观摩公开课、共同编写教学大纲等方式交流经验、互相学习、取长补短、共同进步。[①] 学校还可结合教学中存在的实际情况，以及兼职教师工作的特殊性，采取集中培训与网络课程培训相结合的形式对其进行专题培训。对兼职教师的培养要争取其所在单位的支持，适当调整兼职教师在企业的工作时间，保证兼职教师参加集中培训或教研活动的时间。同时，企业要承认学校对兼职教师培养的成果，把它作为职工继续教育的内容纳入工作考核体系，从而提高兼职教师接受培训的自觉性。通过培训使兼职教师具有教师应该具备的一些素质，促使他们向"双师型"教师转化。

---

① 安静宜，周小欣. 终身教育理念下"双师型"教师培养策略的探究 [J]. 天津职业大学学报，2012（5）：66-69.

第八章　终身教育理念下职业教育体系构建的校企合作

第一节　职业教育校企合作的基本情况

一、校企合作的概念

"校企合作"在语法上是主谓结构。"校企"是主语，主语中又存在着并列关系，即"校"与"企"并列，也就是说，概念的主语是双主体。概念的双主体性体现出词面与整个词义的同一性。由此可以看出，校企合作是产学合作、双向参与。关于校企合作的概念，学术界还未给出统一的说法。目前，关于校企合作普遍认可的说法如下。

（一）模式说

"模式说"认为，校企合作是一种人才培养模式。它又产生了不同的观点，其中较为流行的观点认为，校企合作是一种利用学校和企业两种不同的教育环境和资源，采取课堂教学与学生参加实训工作有机结合的方式，培养适合不同用人单位需要的具有职业素质和创新能力人才的教育模式。对于模式说中存在的培养创新技术人才与应用型人才的问题，校企合作是学校与企业通过在资源、技术、师资培养、岗位培训、学生就业、科研活动等方面的合作，利用学校与企业不同的教育资源和教育环境，以培养能适应市场经济发展、适合企业需要的应用型人才为目的，利用学校与企业在人才培养方面各自的优势，把以课堂传授间接知识为主的教育环境与直接获取实际经验与能力为主的生产现场环境有机结合起来，最终实现学校与企业的双赢。校企合作是学校解决实验、实训资源和场所不足，学生就业困难，构建"双师型"教师队伍的需要；是企业获得优秀技术人才、零距离顶岗就业员工，解决科研问题的需要。

（二）机制说

"机制说"认为，校企合作开展高等职业教育是一种以市场和社会需求为导向的运行机制，是以培养学生的全面素质、综合能力和就业竞争力为重点，利用高职院校和企业两种不同的教育环境和教学资源，采取课堂教学和学生参加实际工作有机结合的方式来培养适合不同用人单位需要的高级应用型人才的教学模式。它的基本内涵是产学合作，双向参与；实施的途径和方法是工学结合，顶岗实践；目标是提高学生的综合素质，以适应市场经济发展对人才的需要。具体来说，包括资源共享与技术的合作、专业设置与课程体系开发的合作、岗位培训与实践实习的合作、师资培养与科研的合作等内容。

（三）中间组织说

"中间组织说"认为，所谓的"校企合作"是指在为社会教育和培训合格的劳动者这一目标下，开展职业院校与企业、行业、服务部门等校外机构之间的合作，将学生的理论学习和实际操作或训练紧密结合起来，以提高高等职业教育的质量和未来劳动者的素质，并增强企业部门与高职毕业生之间双向选择的可能性，最终促进社会经济的发展。

笔者认为，校企合作是一项涉及学校、企业、院校主管部门和政府等的系统工程，是一种利用学校与企业不同的教育资源和教育环境，借助院校主管部门和政府等的外界力量，以培养适应经济发展、适应行业和企业所需人才为根本目的的办学模式。

二、校企合作的特征

职业教育校企合作的办学形式和开展内容必须围绕职业教育人才培养的目标、功能和定位，充分了解企业的需要，结合当地的经济优势，实现校企合作共赢。因此，校企合作主要有以下三个特征。

（一）职业性

职业教育校企合作从一开始就以培养适合职业岗位要求的人才为目标，包括产学结合、工学结合，乃至产学研结合，具有较强的功利性。因此，学习和生产相结合的主要目的是使学生在工作情境中教育自己、学习知识，养成良好的职业素养，培养和提高职业能力、方法能力和社会能力，最终使他们完成由学习生涯向职业生涯的过渡。这一过程充分体现了职业教育校企合作的职业性特征，也合乎企业对高素质技能型专门人才的要求。

（二）教育性

职业教育是以培养学生的职业能力为目标，是一种具有强烈经济行为和企业行为的教育形式。因此，校企合作的首要目标就是培养高素质技能型和专门人才。校企双方以人才培养为共同目标，以岗位需求为导向，转变育人理念，强化人才意识，优化专业设置，明确培养目标，制订教学标准，整合教学资源，共同参与人才培养的全过程。[①] 这既是校企合作的内在要求，也是其本质属性——教育性的体现。

（三）互利性

合作是社会互动的一种方式，它是指个人或群体之间为达到某一确定的目标，彼此通过协调作用而形成的联合行动。因此，职业教育的校企合作作为一种社会互动方式，在合作过程中各参与方具有共同的目标、相近的认识和协调的互动，也就是具有行为的共同性和目的的一致性，即互利性特征。这里的目标实际上是一种利益，它是仅通过一方的行为无法实现的利益，企业、职业院校、教师、学生和企业员工的利益均是通过互动合作来实现的。在此过程中，参与方既不应该只有行为而没有利益，也不应该只有利益而没有行为，否则校企合作只能是一种短期行为。因此，互利性是实现校企长效合作的基础。

三、校企合作的内容

校企合作办学的内容涉及学校培养技能型人才的全过程，包括发展规划、专业建设、课程建设、师资建设、实训教学、教学管理、学生管理、招生就业八个方面。

---

① 张旭，王庆贺，周雄庆.高等职业教育校企命运共同体构建路径研究 [J]. 湖北开放职业学院学报，2021（16）：29-30.

（一）发展规划

学校和企业在发展规划方面的合作，主要内容有两个方面。其一，要成立校企合作指导委员会。校企合作指导委员会由学校、企业双方负责人、教育行政部门负责人和专家组成，制订委员会章程，提出校企合作规划、目标和合作方式等。同时，在学校设立办事机构，建立日常信息交流反馈制度。其二，学校和企业是共建战略伙伴关系。制订战略伙伴关系合作协议，定期或不定期研究新专业设置、老专业改造、技能提升培训、师资队伍建设、教材建设等有关高技能人才培养与共同发展的重大问题，形成长效合作机制。

（二）专业建设

学校和企业在专业建设方面的合作，主要内容有三个方面。其一，成立专业建设委员会。专业建设委员会由学校负责组建，邀请行业和企业的相关专家、高级工程师和高级管理人员参加，其人数不少于总人数的50%。专业建设委员会负责制订专业建设委员会章程，提出专业建设规划，拟定专业人才培养方案。其二，建立校企共建重点专业和新专业建设决策机制，即校企双方主要负责人和相关专业骨干组成决策班子，确定重点专业和新专业的设置，并定期组织相关研讨活动。其三，建立由企业主导的专业建设协调机制，即由企业负责人针对新兴产业和主导产业确定新专业的设置，学校积极参与，对企业确定的新专业组织好申报、招生和教学实施工作。

（三）课程建设

学校和企业在课程建设方面的合作，主要内容有三个方面。其一，学校和企业共同制订教学计划，如学校根据专业设置、人才培养目标和企业的岗位人才需求等来编制教学计划、教学大纲和课程实施方案，做好教材选用工作，确定实习实践环节。其二，学校和企业共同确定课程体系，共同编写符合企业需求的教材，制订实习、实操、实施方案，并由专业建设委员会进行课程标准的评审。其三，由企业主导课程的开发，确定典型项目教学、工作任务案例，并组织编写教材和实习教程，职业院校则实施教学和人才培养工作。

（四）师资建设

学校和企业在师资建设方面的合作，主要内容有三个方面。其一，学校和企业共同组建师资队伍。学校聘请行业和企业优秀的高技能人才、专业技术人员、高级管理人员和专家担任生产实操指导教师和核心课程教学指导教师，在国家政策允许的范围内向企业有关兼职人员和实习指导教师支付一定的报酬。或者，学校依托和凭借合作企业培养、培训师资，定期派遣教师到企业进修实训并形成制度，提升教师的实践技能水平。其二，企业专家为学校教师开展新技术、新工艺、新设备、新材料等内容的学习培训，或由企业安排研发创新人才采用"师徒制"或"导师制"的方式提高教师的实践水平，或由企业把某一技术课题委托给学校进行技术攻关和技术改造等来提高教师的技术研发和创新水平。其三，企业相关人员到学校进行阶段性全脱产教学和科学研究，或学校教师对企业高级技术人员和高技能人才进行提升培训，以此相互融通。

（五）实训教学

学校和企业在实训教学方面的合作，主要内容有三个方面。其一，学校自身建立校内实训基地，甚至生产性实训基地，配备设备设施，按照教学计划、教学大纲和人才培养目标组织、实施实训教学。其二，学校和企业共建实训基地或生产性实训基地，基地的相关设施设备由双方共同负责，即由企业为学校提供相关产品，供学生进行产教结合的实训，学生通过完成产品的部分工序达到实训的目的。其三，深度融合实训教学，可由企业建立生产性实训基地，主要设备设施由企业提供；或学校将一个或几个专业的教学放到企业去实施；或学校将实训基地建在当地工业园或企业内，做到人才培养和人才使用的无缝对接。

（六）教学管理

学校和企业在教学管理方面的合作，主要内容有三个方面。其一，改革学生学业考核评价办法，完善"知识＋技能"的考核评价体系，校企双方通过面试、笔试和实操等形式对学生的专业知识和专业技能进行考核，使学生取得相关专业职业资格证书和毕业证书。其二，改革教学模式，让学生积极主动地参与到教学过程之中，满足学生求知和就业的需求。其三，改进教师教学质量评价的方式、方法，企业参与教学过程和教学质量的监督工作。

（七）学生管理

学校和企业在学生管理方面的合作，主要内容有两个方面。其一，学校按照企业要求制订学生行为规范。学校聘请企业相关人员参加，建立结构合理的学生管理体系，按照企业用人标准制订规章制度，开展学生活动，进行学生管理工作。其二，学校与企业共同制订操行考核及奖惩制度。

（八）招生就业

学校和企业在招生就业方面的合作，主要内容有两个方面。其一，学校制订招生培训就业计划。学校按照企业需求，根据自身的办学资源，制订招生培训就业计划，并组织实施。其二，学校和企业共同制订招生培训就业计划。校企共同制订招生培训就业计划，共同组织招生培训宣传、考试，共同确定录取名单，在学生毕业时由企业安排就业，学校则做好毕业生就业后的跟踪服务工作。

第二节　职业教育校企合作的资源共享

一、职业教育资源共享的概述

（一）职业教育资源共享的内涵

由于社会上行业众多、门类复杂、涉及面十分广泛，因此需要充分利用社会力量办好职业教育。高职院校要想提高教学质量与人才培养水平，必然要与企业密切合作，充分挖掘和依靠企业的各种资源，加强校企合作的内涵建设，实现教育资源的优化组合与职业教育的整体效益。

目前，我国对高等职业教育资源共享的研究处于初始阶段，不同学者对教育资源共享的看法各有不同。笔者认为，一切可以为教育教学服务的资源都可以称为"教育资源"，而职业教育资源是全社会用于培养技能型、应用型人才所投入的人力资源、物力资源、财力资源、管理资源和信息资源的总和，包括学校资源和社会资源两大类。其中，社会资源主要包括政府的财政资源，企业的技术、设备资源和培训基地资源，社区资源，联办学校资源等。

教育资源共享是指在一定的区域内，教育部门打破资源现有的界限，与企业、行业、社会共同享用。它不仅包括师资共享，还包括教学仪器、设备共享和教育信息共享等多种形式。

（二）职业教育资源共享的必要性

1. 资源共享是职业教育办学特色的需求

2005 年，《国务院关于大力发展职业教育的决定》颁布以后，工学结合、校企合作、产学结合、订单办学、顶岗实习就成为我国职业院校主要的办学模式。2006 年，教育部发布的指导性文件《关于全面提高高等职业教育教学质量的若干意见》中明确指出："高等职业教育作为高等教育发展中的一个类型，肩负着培养面向生产、建设、服务和管理第一线需要的高技能人才的使命。"同时，文件还要求高等职业院校"要全面贯彻党的教育方针，以服务为宗旨，以就业为导向，走产学结合的发展道路，为社会主义现代化建设培养千百万高素质技能型专门人才，为全面建设小康社会、构建社会主义和谐社会做出应有的贡献"。这一目标定位决定了职业院校要办出自己的特色，必须坚持科学技术教育和实践能力培养相结合，突出"技能"和"职业"的人才培养特色，这样才能塑造具有自身特色的高素质技能型人才。因此，职业院校应与企业，共同承担培养"职业型""技能型"人才的重任。

2. 资源共享是提高资源利用率的必然选择

教育资源共享主要是校企双方在人力资源、物力资源、财力资源、管理资源和信息资源等方面的共享。例如，学校和企业共同培养"双师型"教学团队，专任教师参与企业的技术改造和项目研发，企业兼职教师参与开发基于实际工作的校本教材和教学改革，实现人力资源的共享；企业为实习学生提供一定的奖学金和生活补贴，在财力上对学校给予支持；校企共建、共享、共用实训基地，实现物力资源优化配置。因此，教育资源共享是校企双方降低运行成本、提高各自经济效益和社会效益的有效途径。

（三）职业教育资源共享要面对和解决的问题

当前，国家对职业教育越来越重视，大多数职业学校都与企业有不同程度的合作。虽然校企合作理念得到普通认可，校企合作模式也多种多样，但由于我国职业教育起步较晚，校企合作仍在探索中，在工作实践上难有实质性的进展，其中比较突出的问题就是对资源共享的探索和研究，主要存在以下三个方面的问题。

1. 职业教育大环境不成熟

由于学校所处的环境、专业的设置、双方合作的主动性和有效性等方面的差异，所以校企合作的内容、层次、形式、途径及程度等方面也各有不同。有些学校和企业虽然签订了合作办学的协议，但真正开展实质性合作的内容比较少，更谈不上资源共享。而且，协议多为松散式的内容，没有具体、明确的条款。当前职业教育的校企合作是基于不同利益基础的一种初级的需求互补，在具体操作中，双方资源不对等和理念、目标的差异，决定了资源共享的难度。

2. 缺乏国家政策的支持和指导

由于起步较晚，我国的职业教育校企合作还处于初级状态，主管部门只是起到了倡导作用，没有关于资源共享的详细的、具有可操作性的政策支持和实施细则。

3. 资源付出不对称

在当前的校企合作模式中，企业资源共享的意愿度不高，主要因为在资源共享的过程中，企业为职业院校提供各种培训和技术实践机会，投入比较大，收益期却比较长，甚至由于学生毕业时违背就业协议，企业的资源投入就打了水漂。我国职业院校起步较晚，科研设施简陋，不能给予合作企业更多的科研和技术支持，合作企业收益周期非常长，并且还有很大的不确定性，因此企业缺乏足够的动力。在现实情况中，企业与职业院校步调不一致，需要磨合的地方很多。这些因素严重影响着校企合作进行资源共享的积极性，使资源共享难以广泛、深入地开展。

二、职业教育资源共享的途径

（一）通过实训师资实现人力资源的共享

校企合作是整合"双师型"教师队伍的纽带。通过实训师资实现教师、工程技术人员等人力资源的共享，是解决学校教师缺乏一线生产经验和企业工程技术人员课堂经历不足问题的关键。

从事职业教育的教师不仅应具有扎实的专业理论基础，能胜任本专业两门以上课程的教学，能胜任与专业相关的实验、实习、实训、课程设计、毕业设计的组织与指导工作，能运用现代教学技术进行教学，具有教育、教学管理的基本能力，还应具备积极探索高职教育教学规律，进行教育教学改革，能撰写高质量的学术论文，研究成果能指导专业建设和解决教学实际问题等的教研能力，更应具备与实际生产相关的工艺能力、设计能力、技术开发与技术服务能力，以及中级技工以上的生产操作能力等专业实践能力。但就目前来看，职业教师的专业实践能力有所欠缺。

因此，需要积极引进相关企业、行业中有丰富实践经验和教学能力的工程技术人员来校做兼职教师，他们不仅具有丰富的本岗位及相关岗位的理论知识和生产知识，还具有熟练的操作技能和技巧，熟练掌握生产工艺流程和产品的加工工艺、操作规范，更能熟练安全地使用有关生产设备、工艺设备，具有管理经验及较强的组织能力和领导能力。他们可以给学校带来生产、科研第一线的新技术、新工艺及社会对从业人员素质的新要求。与此同时，职业院校教师可采取定期到合作企业锻炼的方式，同企业工程技术人员相互交流、相互学习，以提高自身的实践能力，并且加速向"双师型"教师的转化。

（二）通过实训教学实现物力资源的共享

校企合作是强化实践环节的立足点。通过实训教学实现先进设备、先进工艺、生产环境和创新机制等物力资源的共享，是体现实训教学环境、设施和手段的真实性，是实现学生角色转变的关键。

职业院校借力企业设备优势和生产技术优势，弥补学校实训人数多、设备紧张的不足和缺憾。学生在企业实习，可以贴近生产一线，直接进入生产环节，用实材生产产品，缩短了实习、上岗周期，实现学生技能与就业岗位零距离。这在某种程度上也降低了校内实训材料的消耗，节约了实习成本。企业利用学院场地和师资优势，委托学院培养自己急需的各类高技能人才，既省时、省事、省力，又实用。

此外，为了减少固定资产投入，职业院校可租用或合用本地区高等学校、科研机构及培训机构的实验室、实习车间和实训设备等，这样可以实现教育资源的优化配置和共享，从而提高办学的经济效益和社会效益。

（三）通过吸纳教育经费实现财力资源的共享

校企合作是集结教育经费的渠道。通过吸纳教育经费实现政府对职业教育投资经费和企业及跨企业培训费的财力资源共享，是解决当前职业教育经费投入不足和企业参与积极性不高问题的关键。

校企合作的目的在于为企业培养更多技能型人才，同时获得更多的政府、企业资助，使职业教育获得更大的发展空间。国家计划投资140亿元人民币来支持职业教育的发展，职业院校要抓好这一机遇、用好这一财力资源，这样可以使职业院校在外延发展的同时，强化内涵发展。

职业院校为企业培训在职人员，与企业共同商讨培训目标、培训计划，根据需要设置课程，可以提高企业参与的积极性，并可获得企业对职业教育的资助。如果政府为与职业院校合作的企业提供一定的财政补贴，或适当减免部分企业税收，或只让企业负担实训学生适当的生活补贴等，对校企合作的双方都有利。

（四）通过制度保障实现管理资源的共享

校企合作是促进学生综合素质全面发展的保证。通过制度保障实现学校和企业各项管理资源的共享，可以促进学校、企业管理资源的相互贯通，使学生的德、智、体、美、劳等综合素质得以提高。职业教育肩负着为社会主义现代化建设培养数以百万计的技术应用型人才的重要使命，为了达到培养适应社会经济发展需求的生产、建设、服务、管理第一线的具有职业理想、职业道德、创新精神与实践能力等综合素质的技术技能型人才的要求，职业院校建立了诸如教学管理、学生管理、资产管理、设备管理等一系列管理制度，对职业教育的发展起到重要的作用。社会、行业或职业对人才的需求是动态发展的，要想强化职业道德教育和学生素质教育，保证技能人才能下得去、留得住，职业院校必须将企业动态的生产管理经验和严格的用工制度运用到实践教学中去，并结合企业的岗位信息、行业信息和专业信息，指导校企合作人才培养目标的制订，不断创新人才培养模式，推行工学结合，为学生打下上手快、用得上的实践基础，并提供继续发展的空间。

三、职业教育资源共享的方式

（一）组建职业教育集团

1.组建跨国的职业教育集团

目前，职业教育已不受国界的限制。科学合理地利用国际职业教育资源，特别是国际上校企合作的信息资源，是当前我国职业教育国际化的需要。组建跨国的"双元制"职业教育集团，可以实现国际职业教育资源的共享。一方面，我国东部地区职业教育资源丰富，可以吸引国外的企业工人到我国的职业教育学校进行职业理论学习，再回到本国的企业进行技能训练。另一方面，我国中部地区的职业集团或企业职工可以到国外职业教育开展较好的学校接受更科学的职业理论学习，然后再回到生产实践中进行职业技能锻炼。此外，还可以通过一定的渠道，建立跨国的校校合作、校企合作。

2. 组建国内的职业教育集团

职业教育的特点要求学校必须与企业紧密结合。职业学校与企业合作、为企业服务，以获得企业的支持、帮助和参与，以此获得更广阔的发展空间。目前，我国职业教育与企业界的脱节现象比较严重，要想解决这些问题，就必须通过政府搭台，走校企合作、校校合作办学之路，按照平等自愿、互惠互利、共同发展的原则，组建职业教育集团，实现教育资源的共享，形成由学校提供教学管理场所和基础理论课教师，企业提供设备、技术、实习实训基地、兼职教师和就业机会的校企合作集团办学的格局。

（二）构建职业教育实体

1. 构建东西部贯通的职教实体

我国既是一个人口大国，也是一个人力资源大国。在将中国巨大的人力资源变成巨大的人才资源的过程中，职业教育的发展尤为重要。因此，需要构建东西部贯通的职业教育实体，其主要内容体现在以下两点：一是东部职业院校与西部企业联合开办以学校为主体的"双元制"职业教育，以东部的教育资源带动西部企业的发展；二是东部企业与西部职业学校联办以企业为主体的"双元制"职业教育，以东部丰厚的物力资源促进西部职业教育的发展。

2. 构建连接城乡的职教实体

建设新农村，缩小城乡差距，构建和谐社会，是全面建设小康社会的宏伟目标。要解决农村问题，就要加快城镇化进程，大量转移农村劳动力，统筹城乡发展，建立以工促农、以城带乡的长效机制。为充分利用好国家对新农村建设的政策、财力资源和农村丰富的人力资源，可在城乡接合部成立职业教育的社区学院。这样做的优势，一方面为进城务工人员提供职业技能培训，提升进城农民工的职业素质；另一方面为支援新农村建设的城市人员提供农村建设方面的知识和技能，加快农村城市化进程。

第三节　职业教育校企合作的管理工作

一、职业教育校企合作的学生管理

（一）校企联手寻求灵活有效的心理教育模式

根据校企合作模式下学生的心理特点，我们要寻求灵活有效的心理教育模式，并应该贯穿学生的整个大学生涯，分为实习前、实习中和实习后三个阶段，主要包括五个方面的内容。

其一，要建立心理疏导机制。在实习之前，有些学生可能会对实习不理解，不认同学校的这种安排，认为大学生就应该在校园里多学习知识；还有些学生向往社会、向往工作，实习满足了他们开拓新天地的渴望，但又感到自己缺乏专长、缺乏竞争力，对即将到来的实习感到恐慌。基于这些情况，应建立一套完整的心理疏导机制，即从院领导到相关教师，再到辅导员，都必须重视学生的心理波动，耐心讲解实习的目的、意义，使学生能够以更成熟的思维方式去分析问题、解决问题。学生在校期间，应发扬传统教学模式的优势，多开展各种学生活动，使学生知晓如何与人交流、如何正确认识自己，并形成积极向上和乐观的生活态度。

其二，要建立心理互助小组。这主要是针对在企业实习的学生。学校可以把去同一家企业的学生编成一个或多个心理互助小组，每个小组定期开展活动，在活动中大家可以互相倾诉烦恼，也可以共同分享快乐，通过这样的方式，使每个学生都能获得心理上的安慰，避免心理疾病的产生。

其三，建立信息联络员制度。在实习期间，选择一些责任心强、善于与人沟通的学生作为联络员，并通过互联网、移动通信设备等方式将实习情况及时反馈给辅导员或相关企业的管理人员。

其四，建立有效的沟通机制。这种沟通是多方的，包括辅导员、相关教师和企业指导教师的沟通，辅导员与实习学生的沟通，企业负责人与学校负责人之间的沟通等，及时解决学生遇到的心理难题。

其五，健全实习结束后的心理辅导机制。学生结束实习返校，辅导员及相关教师可采取总结报告、座谈讨论、个别谈心、评比竞赛等方式，引导学生对实习进行复盘、总结，使其在今后的学习、工作中不断改进、提高。这样，校企合作模式下学生管理工作才能产生实际效果。

（二）校企合作创新学生管理机制

学生管理是一项复杂的工作，不仅涉及学生工作管理系统，还涉及学校行政管理系统。学校各级领导应充分重视学生管理工作的重要性，切实加强对学生管理工作的领导，做到职责明确、体制健全，形成一套行之有效的管理机制。校企合作模式注重学生实践能力的培养，使学生在校期间就能尽早地进入企业学习。相对来说，学生在校内的时间缩短、在校外的实习时间变长，会使学生管理工作和思想教育工作的难度增大。笔者所在的计算机科学与工程学院推行学生工作辅导员制，同时学院院长、分管教学工作副院长、分管学生工作副院长都参与到学生管理工作中来。为了让广大教师更好地了解学生、理解学生、关爱学生，使其真正做到既"教书"又"育人"，使教学工作与学生管理紧密结合，应实施主要教师参与学生管理制度。有了这项制度的保障，辅导员与主要任课教师经常沟通交流，对学生学习工作、生活状态有了更深入、更全面的了解，便于发现学生存在的问题，更有针对性地进行辅导。在制订学生管理机制时，需要注意以下三个问题。

第一，学生管理机制不能忽视学生自我管理的重要作用。特别是进入高年级阶段，学生的自我管理显得尤为重要。此时，学生对自己的未来有了规划，形成了较为成熟的想法，需要朝着个性化的道路发展。[①]学生自我管理并不是指学校和辅导员对学生不再进行管理，而是学校通过宏观调控，完善各项规章制度，培养学生自我管理的能力。当学生在自我管理的过程中遇到问题时，学校和辅导员会及时给予帮助和指导，学校就像一只看不见的手，从总体上调控和把握学生管理工作。这大大促进了学生思想的转化和良好行为习惯的养成，提高了学生的管理能力，让学生能够更快适应企业、适应社会。

第二，学生管理的激励机制也是必不可少的。例如，学校可以与企业共同设立各种奖学金，组织各种选拔比赛；鼓励学生以企业的实际项目为课题进行创新研究；结合校内课程学习成绩，由学校与企业共同考核学生的能

---

① 徐冬冬.职业教育校企合作模式实践与运作机制探究 [J].职业技术，2021（9）：43-47.

力；优秀毕业生可优先被企业录用；实习期间由企业考查选拔储备管理干部人选。

第三，校企合作模式下，学生管理方式需要不断创新。由于学生所处的学习环境发生了变化，不再是单纯的学校环境，很多传统的管理方式因为时间、地点、人数等原因无法正常开展，而且仅仅通过谈话、沟通等传统方式是不能达到良好的管理效果的。因此，学生管理人员、辅导员可以定期到不同的实习单位走访，通过网络等方式了解学生实习生活的情况，及时解决学生的思想、心理问题；在活动组织上也应根据企业情况、学生时间安排等因素灵活进行。学生管理工作不仅是学校的工作，还应得到企业的支持和配合。企业应配备专人负责学生的管理工作，定期开展企业文化、职业道德等方面的宣传和教育，帮助学生既练技能，又学做人。校企双方形成教育合力，搭建全员、全社会育人的架构，可提高教育管理工作的实效性。

（三）校企文化融合的新型管理手段

校企合作模式必然会带来校园文化和企业文化的融合。学校应扬长避短，充分发挥企业文化的积极作用，引导学生针对自身的问题进行改进。学生在学校文化的氛围中形成了积极向上的人生观、价值观，在接受企业文化的过程中形成了与人沟通、与人合作等能力，可以说学生在学习知识的同时也学会如何做人。在学生管理模式上可以参照企业的组织模式设置班委，以企业的管理模式实行"总经理（班长）负责制"，按照企业的制度制订班级的规章制度，结合企业和专业的特点规划班级活动，以项目的形式组织班级活动，从而使学生在校期间就能感受到企业的文化氛围，帮助学生毕业后更快适应企业的工作。

二、职业教育校企合作的运行管理

运行管理是职业教育校企合作管理工作中最重要的部分，也是保证学校和企业完成合作教学的主要流程。依照当前比较成功的范例，校企合作运行过程主要分为下列步骤。

（一）分析人才需求，开展招生招工工作

1.确定用工岗位

确定合作企业以后，学校和企业一起研讨，对企业的人才需求进行分

析，具体包括各岗位的在职人员数量、目前技能水平的现状、过去每年各岗位的招聘人数，根据企业的生产规模和发展规划，科学预测未来几年各岗位人才的需求量，以及各岗位的技能要求发展状况，撰写该企业的人才需求分析报告，从中确定企业的哪些岗位符合学校的专业设置和国家职业标准，将这些岗位确定为校企双制班学生毕业后的工作岗位。该环节需要根据培养层次（中级工、高级工或技师）结合企业岗位的实际情况来确定。

2. 制订人才培养目标

在确定校企合作的工作岗位群之后，学校专业骨干教师需要深入企业，与各岗位现职人员深入交谈，记录调研数据，撰写工作分析报告。再对这些岗位进行更详细的职业与工作分析，这时可借助鱼骨图等分析工具，罗列每一个岗位的具体能力要求，包括胜任该岗位所需的知识与技能、工作素养、通用能力等，在此基础上制订人才培养的具体目标。

3. 组建试点班级

确定了人才培养目标后，就可开展招生招工工作，常见的有下列三种情形：第一，企业通过社会招聘确定一批准员工（或从在职员中抽出一批人员），输送到学校作为正式学生进行共同培养；第二，学校完成新生录取后，企业在学校的新生班级或二年级中招聘准员工，重组成立校企双制班；第三，在招生前期，企业与学校一起开展招生招工工作。在招生招工过程中，可以通过宣讲会、现场会等形式对学生进行招聘动员，使学生了解企业，从而踊跃加入校企合作班。

（二）分析学习任务，开发课程内容

1. 分析学习任务

在正式组建校企合作班后，专业教师需要召集企业相应岗位的在职人员开展访谈会，各参会人员罗列岗位的代表性工作任务，汇总典型工作任务，确定一体化课程，编制教学计划表，并借助鱼骨图等分析工具对各代表性任务进行分析，从而选出合适的学习任务。学习任务的设置既要考虑通用的技能，满足该专业国家职业标准的要求，也要考虑企业的专项技能，以实现与岗位的零距离对接。

2. 分析课程概要

确定课程列表后，专业教师应与企业相关人员共同分析每门课程的实施情况。一般来说，通用知识与技能主要由学校的专业教师任教，企业特有的专项技能主要由企业派出的工程技术人员作为兼职教师任教。因此，校企合作班的师资队伍肯定是由校企双方共同组建的。在制订教学计划的同时，需要规划好各门课程的任课教师，为教学实施提供师资保障。

3. 开发课程内容

确定课程概要后，专业教师应召集企业相应岗位的在职人员，利用学习任务描述表，一起对各学习任务进行分析并作出具体的描述，将岗位工作任务的内容、过程、标准及组织形式等转化为课程的学习目标、学习内容、参考性学习任务及其基本课时、教学实施建议和考核评价要求等，进而汇编为课程标准。课程标准是人才培养方案的重要组成部分，是教学实施的基本依据。

（三）分析实施要求，开展课程教学

1. 确定教学实训场所

确定课程标准后，专业教师应与企业共同分析每门课程的教学资源。通常来说，通用技能的实训主要在学校内的实训室进行，企业特设的专项技能的实训一般在生产车间完成。因此，校企合作班的教学资源必然是校企双方共享的，这是提高教学效率的有效途径。在确定教学计划表时，不仅要确定每门课程的任课教师由学院安排还是企业安排，还要确定每门课的教学场所。这是校企合作班人才培养方案的另一个重要组成部分，通常被列入校企合作办学的协议中，以对教学资源进行保障。

2. 组织课程实施

确定任课教师和教学场所后，开始进入课程组织实施过程。校企合作班的课程教学实施与非合作班的课程教学实施没有本质的区别，都是按照工学一体化原则通过完成学习任务获得知识、技能和工作素养，并从工作总结与反馈中获得知识的系统提升。教学活动策划一般包括每一教学活动阶段的学习内容、学生学习活动、教师教学活动、学习资源准备、学习时间、学习场地等。

3.监控与管理实施过程

对于教学实施过程的监控与管理，校企合作班与非合作班最大的不同在于双重管理规范，即除了基于校园文化的校纪校规，还有基于企业文化的生产管理规范。因此，校企合作班的管理团队也是校企共同组建的，在校期间以校内的教学管理为主，在企业期间以企业管理为主。双方对学生进行过程考核，且每个学期一起对学生开展职业能力测评，测评结果用于修正今后的教学过程。

第四节　终身教育理念下职业教育校企合作模式的人才培养

2014年5月，国务院印发了《关于加快发展现代职业教育的决定》（以下简称《决定》），要求按照终身教育的理念，整合职业教育资源，"积极发展多种形式的继续教育和职工培训教育"，为受教育者在职场和校园间流动提供便利，从而加快职业教育与产业的衔接，培养适销对路的技术技能人才。新要求就意味着新举措，我国职业教育需要从培养目标、内容、形式和策略等方面体现终身教育理念，适应人的终身发展要求，这将会是今后我国职业教育改革的重中之重。

一、终身教育理念下职业教育校企合作模式的共赢

根据终身教育理念，现代职业教育要向全体劳动者开放，构建一个行业、企业深度参与、与市场接轨、多主体办学的动态开放教育系统，而为企业员工学历和技能提升、新技术研发与转化及社会劳动力再就业的培训和鉴定，既体现了专业化、多元化的终身教育理念，又履行了职业教育终身化"服务需求"的职责，切实为服务地方经济和满足产业需求做出了贡献。与此同时，将企业员工培训与学校师资建设紧密结合，将学校科技研发与企业技术攻关紧密结合开展的校企合作，既能弥补企业在员工培训、学历提升、技术攻关和成果转化能力方面的不足，又能为职业院校强化学生的职业素养，提升毕业生的专业实践能力和人才培养质量，以及获得培训和科研收益等带来实惠，真正实现双方事业上的合作共赢。而这正是终身教育理念下校

企合作模式人才培养研究与实践的意义所在。①

二、终身教育理念下职业教育校企合作模式人才培养的总体框架

基于终身教育的理念，结合国家首批"教育改革发展综合实验区"之一的常州高等职业教育园区十几年来的创新教育实践，构建了终身教育理念下校企合作创新机制研究实践的总体框架，如图 8-1 所示。

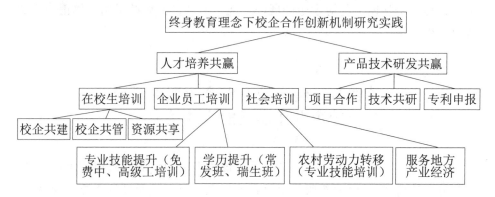

图 8-1 终身教育理念下校企合作创新机制研究实践总体框架

在这一总体框架中，职业院校不仅要进行"在校生培训""企业员工培训""社会培训"等方面的"人才培养共赢"，还需要开展包括"项目合作""技术共研""专利申报"在内的"产品技术研发共赢"；企业不仅要共享师资、教学场所和实践平台，还须共建校企合作理事会和生产实训基地（如校中厂、厂中校等），并进行教学过程共管、教学质量共管及学生就业共管（组建订单班、冠名班等）工作。这一总体框架直击双方利益的平衡点，通过双主体、全方位、终身性合作办学，既锻炼了职业教育"服务需求"的能力，提升了其办学的质量，又满足了企业的既得利益，提高了企业参与合作的积极性，更为"受教育者在职场和校园间流动转换"提供了便利，满足了其"在人生的各个阶段都能学习"的终身教育诉求。

---

① 田君.终身教育理念下高等职业教育人才培养模式 [D]. 南京：南京航空航天大学，2009.

三、终身教育理念下职业教育校企合作模式人才培养的实践

（一）人才培养共赢

1. 在校生培训

企业的发展离不开人才，人才的培养离不开学校，企业需要学校为其培养出高质量的实用人才，而高素质技能型人才培养目标仅仅依靠学校是无法实现的，只有学校和企业这两个主体密切合作，才能培养出适合企业需要的毕业生。自2002年规划建设以来，江苏省常州职业教育园区（也称"常州科教城"）就在政府的主导下，搭建了多方合力、开放共赢的校企双主体合作平台。

（1）政府引领，营造政校企联动育人机制

在常州市人民政府的领导下，成立了由科教城管委会、园区高校和企业组成的董事会，下设高校（校企合作部）、企业（人力资源部）及专业（专业建设委员会）三方参与的校企合作联盟，营造了集资源互享、师资互聘、科研互创、人才互育、利益互享于一体的联动育人机制。依托双主体学院、企业订单班、内园外站、校中厂、厂中校、双岗双职等一体化人才培养平台，实施教室与车间合一、学生与学徒合一、学习与工作合一、作业与产品合一、教师与师傅合一的五合一教学改革，培养与产业对接、适销对路的技术技能型人才。

（2）协同建设，制订统一的人才培养标准

在科教城管委会的监管下，由企业和园区高校分别选派专家和教师组建校企协作组，合理安排园区内高校的专业布局，统一制订人才培养标准。由专业建设委员会牵头，选择苏南地区经济发展亟须的专业，根据专业类别和特点先确立大类专业群，再结合园区内高校的专业特点和优势重点开发就业前景好、层次性强、易于操作的重点特色专业，群策群力，共同制订和推行园区统一的高校人才培养标准，推动课程内容与职业标准有效对接，提升职业教育的人才培养质量。①

---

① 祁伟.终身教育视角下成人高等教育校企合作存在的问题与模式创新探析 [J].创新创业理论研究与实践，2019（19）：130-131.

（3）拓展思路，关注毕业生终身学习的情况

就业市场瞬息万变，产业结构不断优化升级。要想提高毕业生质量，学校需要做到以下两个方面。一方面，通过跟第三方教育数据咨询和质量评估机构——麦可思数据（北京）有限公司合作，适时跟踪毕业生的就业状况，洞察毕业生就业期间知识技能更新和终身学习的需求，实施"毕业生定期回炉"计划，以三年为一季，将毕业生分期、分批请进校园，为毕业生循环开展新技能、学历学位提升、职业规划等方面的辅导及培训。此外，根据企业或毕业生的特殊培训需求，开展随时、随处的专门培训。另一方面，针对有创业意向的毕业生，开设创业论坛，定期开展讲座，传授创业经验和资讯；开辟创新创业基地，通过高校孕育、企业扶植、老带新等创业实践，为毕业生实现创业梦想提供设施、技能及项目等方面的帮助。

2. 企业员工培训

为企业员工提供专门的、有针对性的培训，既能增强企业竞争力，又能提升职业院校服务产业的能力，更是构建学习型社会，满足社会成员生存和发展需求的重要体现。目前，正在实施且初见成效的企业员工培训方式如下。

（1）制度先行，建立企业员工培训的长效机制

由企业人力资源部和高校继续教育学院牵头组建职工培训小组，制订合作培训的相关规章制度。一方面，企业将员工培训纳入中长期发展规划，设立专项培训经费，保障合作培训的可持续性。另一方面，高校将为企业提供长期优质的培训服务纳入学院规划重点项目，组建高素质的培训师队伍，出台培训管理及考核制度，实施对培训内容、方法及效果的适时把控和全面监督，确保合作培训的稳定性。

（2）按需培训，确保培训方式的"终身一体"

在学习型社会，对企业员工开展终身性的培训教育已刻不容缓。一方面，针对企业特定的用工需求开展专门的职前培训，如订单培养或校企分段式培养，确保学生"毕业时"即"上岗时"。另一方面，针对企业在职员工对学历、知识和技能的不同需求，开展不间断的职中培训。例如，常州高等职业教育园区内的某高校，自2003年以来，为10多家企业在职员工开设的技能提升班、学历提升班和相应的技能测试及鉴定已达50多场。此外，针对员工在职业素养、兴趣爱好、知识迁移、管理能力提升等方面的特殊需求，开设职场文化、职业生涯规划、转岗培训和储备人才培训等职业继续教育，满足企业员工终身学习的需求。

（3）瞄准技术前沿，抢占人才培训"高地"

随着产业结构的优化升级和人才需求的不断更新，"一次性就业"已被"多次就业"所取代。为企业员工提供培训服务的同时，对社会待岗人员的培训教育也是职业教育融入学习型社会，赢得更多市场份额的重要举措。作为农村劳动力转移培训、城镇失业人员再就业培训及退役士兵技能培训等社会人员定点培训及鉴定基地，常州高等职业教育园区依托国家职业技能鉴定培训、政府项目培训、战略性新兴产业培训开展了卓有成效的区域经济社会发展急需的技术技能人才培训，为苏南地区产业升级、科技创新做了充分的人才储备。截至 2015 年，该园区已完成装备制造业社会待岗人员培训 4729 人次、信息产业从业人员培训 2152 人次，开设各级各类培训班 200 多期，接受培训人员就业率达到 98.25%。

（二）产品技术研发共赢

随着高校职能从人才培养到社会服务的延伸，高校利用自身在创新人才、科研团队及科创平台等方面的优势为行业、企业提供技术研发、专利申报、知识产权转让等方面的技术服务，已成为高校增强科研水平、提升社会服务能力的重要手段，也是加速产教融合、帮助企业完成技术革新、提高生产效率的最直接推动力，更是校企双方实现深度合作的动力源泉。

1. 多方合力，共建技术共享平台

紧跟产业转型升级的步伐，依照江苏省紧缺型职业（工种）目录，搭建常州市国家大学科技园、常州信息产业园、江南装备制造技术产业园等紧缺型产业科技创新平台，由现代工业中心、培训管理中心、职业技能与鉴定中心、项目合作服务中心、技术交流中心、科技孵化中心、知识产权服务中心和技术创新联盟等组成，通过"高职—本科—硕士—博士"的全流程教育链，打造集研发设计、成果转化、科技金融、知识产权、高端培训、检验检测等新兴产业丁一体的校企技术共享平台。

2. 依托合作项目，创新科技服务模式

主动对接产业发展需求，从"服务传统产业"升级为"服务新兴产业"，从"场地换设备"转型为"科研换设备"，从"校中厂""厂中校"拓展至"研修中心"，实施"校企科研团队—应用技术课题—项目发明专利—企业成果转化"的技术服务模式，使新技术开发得以直接转化。常州市国家大学科

技园内的高校积极探索产学研合作途径，选派科技骨干教师、优秀学生，同产业工程师、企业专家等组建了科研团队，借助研修中心、学生社团、大学生创新基地等开展项目课题和新技术研发。例如，在高校教师的指导下，学校机器人社团成员在常州智拓自动化科技有限公司下厂锻炼期间，与企业专家一起研发出了智能触控面板、可视电控柜、机械手臂与抓取系统等仪器设备，作为回馈，企业将首批投入生产的设备赠予学校，全部永久使用、免费升级、平台可扩展，实现了校企双方的共赢与共享。

总之，终身教育理念赋予现代职业教育更为丰富的内涵，如何在职业教育中践行终身教育的连续性、开放性、服务性理念已成为满足社会全体成员个性化发展需求，成功化解我国职业教育校企合作因主体不明、利益不均、服务意识淡薄等引发的职业教育困境的明智之举。

参考文献

［1］ 保罗·朗格让.终身教育导论[M].滕星，等译.北京：华夏出版社，1988.

［2］ 联合国教科文组织国际教育发展委员会.学会生存：教育世界的今天和明天[M].华东师范大学比较教育研究所，译.北京：教育科学出版社，1996.

［3］ 吴万敏.终身教育下的高等职业教育的变革与发展[M].北京：高等教育出版社，2013.

［4］ 周明星.藩篱与跨越：高等职业教育人才培养模式与政策[M].武汉：华中师范大学出版社，2018.

［5］ 陆磊.终身教育与职业教育体系构建[M].北京：中国书籍出版社，2019.

［6］ 田汉族，贺宏志.终身教育：概念分析与本质探寻[J].河北师范大学学报（教育科学版），2004（3）：16-23.

［7］ 何思颖，何光全.终身教育百年：从终身教育到终身学习[J].现代远程教育研究，2019（1）：66-77.

［8］ 杨晨.终身教育的本质属性在"终身"[J].成才与就业，2014（23）：27.

［9］ 史占泓.终身教育流派述评[J].浙江科技学院学报，2002（4）：48-52.

［10］ 仇晓夏，王朱晨睿.新时代职业教育创新理念和改革措施[J].就业与保障，2021（12）：118-119.

［11］ 马建富，蔡巧燕.助力乡村人才振兴：职业教育发展的理念、作为与策略[J].职业技术教育，2021（18）：7-12.

［12］ 尹能民.论高等职业教育内涵发展[J].作家天地，2021（17）：168-169.

［13］ 顾雪梅.新发展格局下高等职业教育的内涵式发展研究[J].继续教育研究，2021（5）：63-66.

［14］ 景安磊.构建现代高等职业教育体系的任务路径[J].中国高等教育，2021（10）：22-24.

［15］周庆礼.面向高等职业教育的创客教育内涵与特征研究［J］.江苏高教，2021（05）：110-113.

［16］王亮.《职业教育：目的、传统与展望》推介［J］.职教通讯，2019（18）：2-4.

［17］吴海勇.终身职业教育融合发展研究［J］.职业教育研究，2021（8）：66-71.

［18］李响初.国外职业教育产教融合人才培养模式比较研究［J］.继续教育研究，2021（6）：82-85.

［19］薛志莉.基于"适合的职业教育"理念下中职人才培养模式的路径探讨［J］.科学大众（科学教育），2019（5）：119-121.

［20］侯静，石磊娜，张振平.终身教育理念下高等职业教育人才培养模式创新［J］.成人教育，2012（8）：65-66.

［21］孟娴.终身教育理念下的高等体育职业教育课程改革［J］.内江科技，2012（2）：175-176.

［22］孔晓华.谈职业教育课程改革多元主体的价值取向［J］.职业教育研究，2008（4）：120-121.

［23］高利容，王叙红，苏开荣.终身教育视角下的高职课程改革［J］.成人教育，2007（11）：25-27.

［24］秦春光.基于终身教育理念下高职院校招生制度研究［J］.现代经济信息，2017（1）：391.

［25］胡青，吴勤仂，付明明.试论终身教育与自学考试制度改革［J］.技术经济，2006（6）：26-29，36.

［26］赵卿敏.试论成人高校招生制度改革的方向和路径［J］.当代教育论坛，2007（3）：125-127.

［27］林雪媛，陈红，李淼冰.高职课程真实性评价研究的现状及进展［J］.大众标准化，2021（12）：107-109.

［28］赵亚南，叶梦姝.面向终身教育的继续教育课程体系评价研究［J］.继续教育研究，2021（2）：21-23.

［29］薛文军，倪松，姜芳方，等.中职校企合作课程评价的实践［J］.办公自动化，2020（24）：53-55.

［30］梁骥.高等职业教育课程体系改革与职业能力对接研究：以新闻专业为例［J］.职教论坛，2016（26）：51-56.

［31］梅婷.高等职业教育实践课程评价指标体系构建的研究［J］.职教通讯，2011

（24）：7-10.

［32］王洪国.高等职业教育实践课程评价体系的构建 [J].苏州教育学院学报，
2010（3）：86-88.

［33］刘兴恕，段蕾，房亮，等.终身教育体系下我国教师教育制度研究 [J].中国
教育技术装备，2020（14）：9-11.

［34］黄嫣嫣.终身教育背景下中职会计专业教师素质培养探究 [J].财会学习，
2017（10）：217-218.

［35］徐微，闫亦农.终身教育视野下的高校教师教学能力培养 [J].教育与职业，
2016（05）：53-55.

［36］王爱玲.终身教育理念下的教师教育变革 [J].内蒙古师范大学学报（教育科
学版），2015（10）：1-3.

［37］田燕，李金生.面向卓越教师培养的教学团队建设策略研究 [J].江苏师范大
学学报（哲学社会科学版），2015（5）：137-140.

［38］安静宜，周小欣.终身教育理念下"双师型"教师培养策略的探究 [J].高等
职业教育（天津职业大学学报），2012（5）：66-69.

［39］张旭，王庆贺，周雄庆.高等职业教育校企命运共同体构建路径研究 [J].湖
北开放职业学院学报，2021（16）：29-30.

［40］徐冬冬.职业教育校企合作模式实践与运作机制探究 [J].职业技术，2021（9）：
43-47.

［41］祁伟.终身教育视角下成人高等教育校企合作存在的问题与模式创新探析 [J].
创新创业理论研究与实践，2019（19）：130-131.

［42］潘云双.基于产教融合的高等职业教育专业课程改革研究 [D].石家庄：河北
师范大学，2020.

［43］刘兴楠.终身教育理念下高职院校招生制度研究 [D].西安：陕西师范大学，
2016.

［44］于漫宇.终身教育视野下的职业教育发展研究：当代中国职业教育发展观探
索 [D].桂林：广西师范大学，2016.

［45］原爱丽.我国高职文化课程建设困境及改革策略研究 [D].天津：天津大学，
2017.

［46］田君.终身教育理念下高等职业教育人才培养模式 [D].南京：南京航空航天
大学，2009.